MON MÉTIER AURA DU SENS

Typographies
© Faune, Alice Savoie / Cnap
© Infini, Sandrine Nugue / Cnap

Couverture, maquette et composition de l'intérieur
Yay Graphisme

Illustrations
Quentin Caillat

Ouvrage réalisé avec la collaboration
d'Isabelle Martin Bouisset,
conseil et agent éditorial de l'auteur
www.imb-conseil.fr

ISBN
978-2-311-62639-1

5, allée de la 2e DB, 75015 Paris
www.vuibert.fr

MON MÉTIER AURA DU SENS

Julien Vidal

Vuibert

Loriane de yay • graphisme

Loriane a réalisé l'identité visuelle de « Ça commence par moi » (logo, dépliant, site Internet) et aide à formuler en images les défis de Julien et à rendre le changement accessible au plus grand nombre. Dans son quotidien, Yay occille entre projets graphiques engagés à portée écolo-féministe-culturel et papeterie « utile ». Des projets papier pour pousser par l'image les gens à changer leurs modes de consommation, comme son calendrier des fruits et légumes de saison, imprimé localement, sur du papier recyclé et avec des encres sans solvants.

Le graphisme au service d'un client, c'est bien, le graphisme au service de la société de demain, c'est mieux !

→ collectif-yay.com

Quentin Caillat

Quentin Caillat jouit d'une formation aux techniques traditionnelles et digitales de dessin à l'incontournable Emile Cohl. Troquant un ridicule doudou en peluche pour un chic crayon dès le berceau, Quentin n'a jamais cessé de dessiner depuis. Avec sa palette de couleurs restreinte et hypnotique, Quentin construit des scènes sublimes et intrigantes, qui nous convaincrait presque de dire bonjour à un monde nouveau.

→ @quentcaillat

Après avoir travaillé dans la solidarité internationale en Colombie et aux Philippines, Julien Vidal a lancé en 2016 le mouvement « Ça commence par moi » (cacommenceparmoi.org) pour éveiller les consciences aux causes des dérèglements des écosystèmes et proposer des alternatives durables et solidaires.

Depuis plus de trois ans, il anime le podcast 2030 Glorieuses dans lequel il donne la parole aux personnes qui incarnent les nouvelles abondances du monde de demain. Ces échanges lui ont inspiré le livre *2030 Glorieuses: utopies vivantes* (Actes Sud, 2022) ainsi qu'un atelier participatif pour permettre aux Français de reprendre le pouvoir des imaginaires. Ce format pédagogique invite à découvrir tout ce que nous avons à gagner à changer nos modes de vie. Son objectif est de nous redonner envie de regarder les futurs, exigeants et libérateurs, contraignants et créatifs, sobres et solidaires droit dans les yeux pour ensuite passer à l'action dans notre présent… sans tarder !

→ Plus d'infos sur 2030glorieuses.org

PRÉFACE
DE XAVIER PAVIE

De la responsabilité du sens au sens de la responsabilité

Julien Vidal ne nous demande pas notre avis, il ne pose pas même une question, il affirme : « Ton métier aura du sens ». Il ne semble pas même douter et formule telle une injonction que notre métier aura du sens ! Ainsi pour l'auteur, de gré ou de force notre travail aura un intérêt et ce n'est pas discutable. En creux nous pouvons aussi comprendre qu'il aura du sens ou qu'il n'existera pas. Cela n'est cependant pas sans s'interroger sur la responsabilité individuelle que nous avons pour que ce métier, que notre métier, puisse avoir du sens. Autrement posé, peut-il y avoir sens sans responsabilité ?

Dès la compréhension de l'étymologie du terme « responsable », nous avons un éclairage sur la notion de sens. Responsabilité prend son origine dans le verbe latin *respondere*[1], d'une part *spondere* (*supin sponsum*) qui signifie « prendre un engagement solennel » et du préfixe *re-* signifiant l'engagement en retour. Du latin *respondere* va émerger en français « répondre », dont le premier sens – même s'il est désormais affaibli - est de répondre à un engagement. Répondre de quelque chose, c'est en être le garant, le responsable. D'emblée nous comprenons que nous avons à répondre de ce que nous faisons, nous prenons un engagement lorsque nous accomplissons quelque chose. Ainsi nous pourrions rapidement dire que si notre métier n'a pas de sens, nous en sommes pleinement responsables puisque c'est nous qui l'accomplissons.

Cela manquerait néanmoins de subtilité, car la responsabilité se saisit avec une certaine granularité, au moins en quatre axes[2] : être responsable de quelque chose – un projet -, être responsable d'autrui – un enfant, une personne que nous aurions sous tutelle -, être responsable de causer quelque chose – si vous vendez du tabac par exemple -, et être responsable par autorité – c'est le cas d'un dirigeant d'entreprise, d'un proviseur de lycée.

Ces différents axes soulignent deux aspects. D'une part que nous ne sommes évidemment pas responsables de tout, mais aussi que la responsabilité se situe à différentes échelles à différents niveaux et nous avons à en prendre conscience. Être responsable réclame une certaine réflexion sur nos actes. Toutefois nous n'en sommes pas toujours capables. En effet, cela demande une certaine maturité et celle-ci s'acquiert à la fois avec de l'âge et de l'expérience. C'est d'ailleurs pourquoi nous parlons, d'une part, de l'âge de raison, autour de 7 ans, âge où l'enfant commence à pouvoir raisonner. De manière plus officielle, l'âge de la majorité, bien souvent autour de 18 ans, où l'on considère que chacun est en mesure de rendre compte de ses actes. Cela dit nous sommes toujours dans un état d'immaturité face à quelque chose de nouveau. Quand nous commençons un nouveau travail juste après nos études, nous sommes inexpérimentés, presque immatures face à ce qui nous attend et nous ne sommes peut-être pas encore en mesure de bien comprendre alors le sens de notre travail. Nous sommes alors concentrés sur le salaire, les avantages ou plus concrètement la possibilité de rembourser un emprunt étudiant. Contrairement à ce que nous avons dit plus haut de manière volontairement hâtive, notre manque d'expérience ne nous rend donc pas responsable du manque de sens de notre travail.

---

1 | Gaffiot, *Respondeo.*
2 | Dictionnaire de l'Académie Française, *Responsabilité.*

Le second aspect de ces différentes variantes de la responsabilité se comprend avec la célèbre *doxa* des philosophes stoïciens qui naît dans les propos d'Épictète : « Il y a des choses qui dépendent de nous et d'autres qui n'en dépendent pas »[3]. Nous serions donc responsables de ce qui dépend de nous : par exemple je ne prends pas de manteau même si je sais qu'il y a un risque de pluie ; mais s'il se met à pleuvoir je ne peux blâmer la nature ou la météo, car cela ne dépend pas de ma volonté. Il dépend de moi de choisir de faire des études pour accéder aux fonctions que je souhaite mais il ne dépend pas de moi qu'un autre candidat pour cette même fonction puisse être sélectionné même s'il n'a pas fait les études adéquates. Il n'y a pas d'aspect juste ou injuste pour les stoïciens, c'est simplement quelque chose qui est extérieur à nous.

Le fait qu'un métier puisse avoir du sens dépend-il de soi ou non? Nous pourrions dire que cela dépend de soi de choisir un métier qui a du sens, néanmoins il ne dépend pas de soi qu'il puisse y avoir des offres d'emploi qui justement correspondent à un métier qui a du sens. Mais cette réponse n'est pas véritablement responsable, au sens d'engagement, puisqu'il pourrait être répondu que c'est à nous de donner du sens à un travail qui ne semble pas en proposer. Pour le formuler de manière différente il ne s'agit pas d'attendre qu'une organisation donne du sens à notre travail, c'est à nous de lui en donner. Le sens de notre métier dépend de nous et nous avons une responsabilité à le trouver s'il n'est pas donné. Il serait trop simpliste d'attendre qu'une somme de métiers « à sens » puisse être publiée et y effectuer son marché de manière passive. Car la responsabilité nous enseigne justement autre chose : l'engagement. À ce titre nous avons l'obligation d'essayer de donner du sens à notre métier si cela n'est pas spontanément une évidence. Et pour le comprendre nous pouvons une nouvelle fois nous appuyer sur les stoïciens, plus exactement sur la métaphore de l'archer qui vise sa cible. Pour ces philosophes de l'Antiquité, c'est l'intention de l'archer qui prime, non la réussite de son geste. Nos actions sont donc à juger d'après la volonté qui y préside. Mais le résultat lui-même dépend de causes extérieures sur lesquelles nous n'avons aucune prise. Cela rejoint le premier point concernant les choses qui dépendent de nous et celles qui n'en dépendent pas. En conséquence, nous avons la responsabilité de tenter de donner un sens à notre travail, c'est notre devoir. Cette tentative n'est en aucune manière gage de réussite mais la responsabilité c'est d'essayer. Que l'organisation ne participe pas à cette volonté de donner un sens à son travail est une autre chose et qui ne dépend pas de soi et les conséquences seront alors à en tirer avec un autre aspect de la responsabilité en s'interrogeant sur le fait de rester à travailler pour une organisation qui ne cherche pas à donner du sens au travail de ses employés.

3 | Épictète, *Manuel*, I.

Cela n'est pas sans nous poser une dernière question : que veut dire avoir du sens ? Si nous ne voyons pas le sens de notre travail au sein de l'organisation, cela ne signifie pas pour autant que l'organisation ne voit pas le sens pour elle ? Dit autrement, chacun voit un certain sens à sa porte. Et toute la complexité réside dans cet écart de sens. Ce « sens » correspond à la faculté de comprendre les choses, de juger selon la raison. Mais la raison est un outil au service d'un objectif. Si l'objectif d'une organisation est de maximiser le plus possible ses profits, elle va mettre sa « raison » au service de cet objectif. Productivité, optimisation, performance seront alors, même si on peut le regretter, les guides de la raison dans la perspective d'un profit toujours supérieur. D'un autre côté, si l'objectif d'un employé est de contribuer au bien commun, à une amélioration de la société, sa raison sera alors appuyée sur des piliers qui ont trait aux notions de partage, de modération, de progrès collectif. Pour le dire autrement il n'y a jamais une absence de sens, il y a des sens différents et l'enjeu est de trouver un accord de sens commun. Cela renvoie au travail de responsabilité que nous avons pour trouver notre sens, comprendre celui de l'autre et en conséquence s'engager, répondre de ses actes, de cet engagement, ou non.

L'ouvrage que nous propose Julien Vidal nous aide à comprendre cette notion de sens grâce à différentes perspectives. Ce n'est pas moins vrai sur la responsabilité que tout un chacun exprime de manière si différente et qui pourtant nous oblige les uns envers les autres. Ce livre est un parcours qui nous interroge sur notre responsabilité face au sens que nous donnons, certes à notre travail, mais plus globalement en tant que citoyen dans la Cité, comment nous cheminons de la responsabilité du sens au sens de la responsabilité.

Xavier Pavie est philosophe, professeur à l'ESSEC.
Il est directeur de programme au Collège international de philosophie et chercheur à l'Institut de recherches philosophiques à l'université Paris Nanterre.
Il est également le créateur du centre iMagination.

Nous n'avons plus rien à inventer (ou presque)

Selon la Fondation Jean-Jaurès, seulement 24 % des Français accorderaient de l'importance au travail de nos jours, contre 60 % en 1990. Pourquoi ce désintérêt pour le travail ? Parce que notre sphère privée prend de plus en plus de place dans nos vies ? Ou parce que le monde professionnel peine à suivre les évolutions de notre société, et donc à répondre aux attentes des Français et, par là même, aux enjeux de notre siècle ?

Nos compatriotes refusent plus que jamais de rester impassibles face à l'écart grandissant entre le besoin de transformer nos habitudes et les atermoiements de nos dirigeants politiques et économiques. Nous ne sommes sans doute que des rouages, certes. Mais beaucoup d'entre nous ne voulons plus nous laisser entraîner dans cette fuite en avant criminelle. La croissance économique ne peut plus être recherchée à tout prix.

Les mois filent, les années s'enchaînent et j'accumule les frustrations. Comment pourrait-il en être autrement ? Les déceptions s'amoncellent à un rythme intenable. Voici quelques exemples qui donnent un infime aperçu des provocations de nos responsables politiques ces derniers mois :

→ Emmanuel Macron défend la 5G à la French Tech, malgré le coût écologique des installations et du renouvellement de nos équipements technologiques, et ironise sur le modèle amish et le « retour à la lampe à huile ».

→ Le Sénat refuse d'intégrer dans l'article 1er de la Constitution le fait que la République française « garantit la préservation de l'environnement et de la diversité biologique et agit contre le dérèglement climatique » pour ne pas porter atteinte à la liberté d'entreprendre.

→ La France se prépare à un hiver de grande tension sociale et énergétique et nos dirigeants « montrent l'exemple » en portant des doudounes et des cols roulés sans quasiment annoncer aucune mesure contraignante à destination des plus gros consommateurs d'énergie.

→ Au lendemain de la COP 27, on apprend par les ONG de défense de l'environnement que les lobbyistes du secteur pétrolier et gazier étaient encore plus nombreux à la COP 27 qu'à la dernière conférence des Nations unies sur le climat ; soit une augmentation de plus de 25 % de la présence du secteur pétrolier et gazier par rapport à la COP 26 qui se tenait à Glasgow il y a un an.

Notre maison brûle et la classe politique au pouvoir se ment à elle-même.

Notre maison brûle et la classe politique au pouvoir se ment à elle-même. Et puis, petit à petit, la colère se transforme en conviction. S'il est et sera toujours nécessaire de confronter nos élus à leurs manquements pour qu'ils se montrent enfin à la hauteur de leurs responsabilités, contribuer à un changement plus rapide n'est plus optionnel. Plutôt que de me heurter à des montagnes d'ignorance, je préfère aider à ouvrir en grand des portes dont les serrures sont déjà déverrouillées.

À mon niveau, je reçois depuis ces derniers mois de nombreux appels et témoignages de salariés et dirigeants qui expriment leur détermination. Eux aussi considèrent que le temps est venu pour le monde économique de vivre sa révolution. Le patron de Patagonia fait don de son empire pour la lutte contre le changement climatique ; le Label B Corp réunit de plus en plus d'entreprises à impact ; des responsables de grandes entreprises lancent une convention des entreprises pour le climat. Autant de symboles qui révèlent cette envie de rupture, même si la majorité des grands groupes se contente de faire croire que le verdissement de la devanture suffit à légitimer un modèle intenable.

Dans cet immense affrontement technique et idéologique, quelle place pour l'individu ? Doit-on continuer d'attendre patiemment et faire confiance à ces quelques chevaliers blancs en espérant qu'ils renverseront la table à eux seuls ? Bien sûr que non ! Et si vous avez cet ouvrage dans les mains, c'est bien parce que vous avez décidé d'agir. Mon message s'adresse à vous, qui vous cherchez professionnellement, qui vous posez des questions pour votre avenir, que vous fassiez vos premiers pas dans le monde professionnel… ou que vous ayez déjà cheminé depuis un bon bout de temps. Je partage la même idée fondatrice : nos métiers auront du sens.

Je partage la même idée fondatrice : nos métiers auront du sens.

Aux quatre coins de la France, en ville ou à la campagne, quels que soient les talents de chacun, ses expériences ou ses aspirations, il existe des voies épanouissantes, durables et solidaires pour vous et pour notre société. C'est un message d'une urgence absolue à faire entendre au plus grand nombre à l'heure où les réseaux sociaux se font l'écho du *quiet quitting* (ou « démission silencieuse »), qui consiste à ne faire que le strict minimum au travail. Dans des vidéos aux dizaines de millions de vues sur TikTok, les appels à ne pas sacrifier sa santé pour des boulots sans intérêt en disent long sur la nécessaire révolution que nous devons engager pour refaire de notre vie professionnelle un espace d'accomplissement individuel et collectif. Ce sont 69 000 heures en moyenne dans notre vie que nous allons dédier au travail. 69 000 heures ! C'est un chiffre tellement énorme qu'il est difficile d'en saisir l'impact sur nos vies. Mais ce qui est sûr, c'est que choisir de « démissionner silencieusement » pendant tout ou partie de ces 69 000 heures est un gâchis insoutenable.

Et si des initiatives de plus en plus nombreuses outillent les travailleurs pour qu'ils rejoignent cette bataille homérique, soit en entreprenant pour lancer leur propre projet, soit en intraprenant pour changer les entreprises de l'intérieur, il existe également une troisième voie qui reste à explorer et à démocratiser : changer de métier pour mettre son énergie au profit de structures qui construisent d'ores et déjà le monde de demain. C'est une remise en question nécessaire et un pas de côté salutaire pour agir avec ambition et faire de sa démarche une révolution globale tant sur le fond que sur la forme. Contre ce mode de vie utilitariste où l'être humain est une ressource qu'on exploite comme tout le reste, notre salut ne viendra pas de quelques héros mais bien de la masse agissante. Forte de son humilité et de son sens du collectif, elle permettra aux alternatives de changer d'échelle afin de devenir une bonne fois pour toutes les nouvelles normes. Un message assez peu audible à notre époque, que je souhaite porter plus haut dans cet ouvrage qui joue le rôle de caisse de résonance.

Je porte le témoignage de celles et ceux qui ouvrent la voie et montrent l'exemple, partout en France, quels que soient leurs âges, leurs milieux sociaux ou encore les causes qu'ils défendent. Au fil des pages, ils seront les preuves vivantes que vous n'êtes pas la première ou le premier à vouloir faire de votre vie professionnelle une source d'accomplissement personnel et collectif. Leurs métiers sont autant d'exemples des chemins enthousiasmants qui vous tendent les bras : Solène est horticultrice du social, Renaud est agent de convivialité, Marie est professeure en nature, Hubert est artisan upcycleur, etc. Au total, ce sont plus de trente personnalités inspirantes qui vous livreront un aperçu de ces métiers vivants !

Cet ouvrage est aussi un livre « lanterne » qui peut éclairer d'une lumière nouvelle la route de celles et ceux qui peinent encore à l'entrevoir. Presque un compagnon, comme celui que j'aurais aimé avoir quand j'écumais les rayons du CDI de mon lycée à la recherche d'une future carrière professionnelle enthousiasmante. Un manifeste que j'écris d'une certaine manière pour le gamin perdu que j'étais il y a vingt ans. Car aujourd'hui, « on sait tout ce qu'il y a à savoir : les causes, les conséquences, ce qu'il faudrait faire. Il ne manque que la mise en œuvre », comme le fait remarquer la présidente d'Oxfam, Cécile Duflot. Nous n'avons plus rien à inventer ou presque et sillonner la France m'a permis de partir à la rencontre de la multitude d'initiatives prometteuses portées par des métiers à (re)découvrir. Les métiers de ceux qui ont utilisé les ressorts de ces évidences pour mettre en œuvre d'autres manières d'habiter, de cultiver, d'apprendre, de rénover, de se déplacer, et pour insuffler un air vivifiant en incarnant les emplois qui seront la norme dans quelques années. Qu'il semblera loin, alors, le temps ou près de la moitié des Français se sentaient inutiles dans leur travail[1] !

Cet ouvrage est aussi un livre « lanterne » qui peut éclairer d'une lumière nouvelle la route de celles et ceux qui peinent encore à l'entrevoir.

Pour autant, si cet ouvrage propose des réflexions et des pratiques qui vont chambouler notre vie économique, et donc forcément nos métiers, il n'est pas un catalogue exhaustif des postes destinés à se développer dans les décennies à venir. Il s'agit plutôt d'offrir, à partir d'un kaléidoscope de portraits existants, un panorama du champ des possibles et de montrer que ces métiers sont présents tout autour de nous. Car le monde d'après existe déjà ! Son déploiement laissera d'ailleurs plus de place à des métiers

---

1 | Selon une étude du cabinet Occurrence en 2022, « 44 % des Français et Françaises vivent avec le sentiment de l'inutilité sociale ».

émergents (dont plusieurs sont dépeints dans les fiches métiers de ce livre) sans pour autant se passer de certains métiers déjà existants et tristement dévalués, comme ceux des secteurs de la santé, de la culture, de l'alimentation ou de l'éducation. Je n'ai pas mené une étude planifiée, mais plutôt une enquête aléatoire et inspirée guidée par les rencontres et les suggestions de nombreux éclaireurs. Je donne la parole depuis trois ans à des personnes qui résistent et restent délibérément à la marge de notre économie libérale classique. La place de l'intuition dans cette démarche est un fil conducteur qui, en révélant de nouveaux horizons, compose en réalité d'authentiques scénarios de renouveaux possibles. De fait, ce texte pourrait en appeler d'autres tant les alternatives vertueuses à nos métiers destructeurs sont nombreuses.

À nous de nous mettre en route vers d'autres possibles qui n'attendent que nous !

Ce livre est en réalité un appel. À nous de nous mettre en route vers d'autres possibles qui n'attendent que nous ! Nos vies vont redevenir des aventures dès lors que nous nous fixerons d'autres objectifs communs, des promesses de lendemains qui chantent pour ensuite avancer un pas après l'autre, chacune et chacun à sa manière. Lever le regard, marcher, lever le regard, marcher encore, sans jamais arrêter ce va-et-vient. Et voir alors que de nombreuses personnes avancent déjà sur ces mêmes chemins. Toutes font des essais, se trompent, apprennent, essayent encore, progressent, font leurs preuves.

Le mouvement est la clé, il nous permet de transformer les défis à relever en opportunités.

Bifurquer pour plus de sens

« — Et toi, tu fais quoi dans la vie ? »

« Bonjour, je m'appelle Julien, j'ai 37 ans. Je suis auteur et podcasteur ; j'anime aussi des ateliers de mobilisation écocitoyenne. »

Voilà comment je me présente quand je rencontre une nouvelle personne et que, dès les premières minutes de la conversation, surgit la question fatidique : « Et toi, tu fais quoi dans la vie ? ». Car il nous faut bien ranger celle ou celui qui nous fait face dans une case pour savoir à qui nous avons affaire. Et même si ce n'est pas une question de « tri social », se renseigner sur l'activité professionnelle de son interlocuteur est un réflexe. Le travail est l'alpha et l'oméga des valeurs de notre société : c'est ce qui devrait nous permettre de nous épanouir, d'être entouré, d'assurer notre stabilité financière ou encore de remplir notre emploi du temps.

« Et toi, tu fais quoi dans la vie ? » Je vous avoue donc mon inconfort le jour où, pour la première fois de ma vie, je me suis retrouvé sans emploi. De retour de ma première mission en ONG, je me posais la question de repartir sur le terrain ou de trouver une place en France, au siège de l'une de ces organisations qui me faisaient rêver quand j'étais sur les bancs de la fac. MSF, Médecins du monde, Handicap international... Je connaissais les adresses e-mail des recruteurs par cœur à force de répondre à leurs offres d'emploi. Seulement voilà, les mois passaient et rien ne se concrétisait. Et pendant ce temps-là, la frénésie parisienne m'avait happé au vol. Chaque jour ou presque, je conversais avec des inconnus. Chaque jour ou presque, je redoutais le moment où j'allais devoir dire ce que je faisais dans la vie. «Chômeur» ou «en recherche d'une nouvelle mission» ont servi de premières réponses, mais je sentais bien qu'elles m'enfermaient dans une case dans laquelle personne ne voudrait être. C'est vrai que depuis notre enfance, des conseils de nos parents aux processus scolaires plus ou moins éprouvants, tout nous prépare à l'objectif ultime: décrocher un CDI avec un «bon» salaire. Idéalement dans une entreprise au nom réputé ou à l'activité florissante.

C'est vrai que depuis notre enfance, des conseils de nos parents aux processus scolaires plus ou moins éprouvants, tout nous prépare à l'objectif ultime: décrocher un CDI avec un «bon» salaire.

Alors forcément, quand toutes ces années d'investissement de la part de la société et de nos familles ne portent pas leurs fruits, le fait d'accepter d'être sans emploi est une démission encore plus insupportable. Un manquement auquel j'essayais d'échapper à chaque fois que LA question revenait. Contre la puissance et la régularité d'une vague un jour de tempête, l'humour est une arme illusoire: «Je fais du vélo et des risottos.» Raté! «Je me promène en forêt et j'essaye de lire toute *La Comédie humaine.*» Encore raté! Au mieux mes tentatives d'esbroufe provoquaient un sourire, au pire l'interrogateur en chef avec qui je discutais se sentait le devoir de me reposer la question à laquelle il s'estimait en droit de recevoir une réponse précise. Pourquoi je vous raconte tout ça? Parce que je suis persuadé que, comme moi, vous vous êtes retrouvé des deux côtés de la scène. D'un côté du miroir, vous avez utilisé cette interrogation pour lancer une conversation, comme une évidence à laquelle personne ne devrait échapper. De l'autre, vous avez ressenti cette frustration, peut-être même cette fatigue, de n'exister aux yeux des autres que par le truchement de notre métier. Hors de cette identité, point de salut! Je comprends pourquoi j'ai eu autant de mal à décider de mon orientation quand j'étais encore sur les bancs de l'école. Cette idée reçue qui nous laisse à penser que le choix de notre futur métier est la question la plus importante de notre vie et qu'en plus elle nous définira à tout jamais. Quelle pression! Quelle irresponsabilité aussi de la part de celles et ceux qui nous la transmettent sans même s'en rendre compte, car c'est sans doute ce qu'on avait fait pour eux quand ils étaient plus jeunes!

Pourtant, il devrait y avoir des dizaines de manières acceptables de répondre, voire des alternatives recherchées, qui nous permettraient d'exister au-delà de notre activité professionnelle… D'où vient cette vision limitante de chaque être qui nous ampute de toutes les dimensions qui nous composent ? Ce ping-pong rhétorique se joue-t-il de la même manière partout dans le monde ? Cela a-t-il toujours été le cas ? Qu'est-ce qui nous constitue vraiment, nous, les êtres humains ? Est-ce que ce sont toutes les heures passées à l'école d'abord – et quelle école –, puis au boulot qui constitueront l'entièreté du film de nos vies, que nous sommes censés voir juste avant notre mort ? Ou plutôt les moments de joie, ceux passés avec notre famille, nos promenades en bord de mer, les heures pleines des pages de romans addictifs ou des effluves de délicieux repas ?

LA GRANDE DÉMISSION EN CHIFFRES

Ce phénomène assez récent qui est apparu aux États-Unis donne des sueurs froides aux recruteurs :

- → 48 millions d'Américains ont démissionné en 2021.
- → Plus de 4 millions de personnes par mois quittent leur emploi depuis début 2022.
- → 44 % des employés aux États-Unis sont en recherche active de poste.
- → En France, selon une récente étude OpinionWay, 35 % des personnes sondées envisagent de quitter leur poste.
- → Fin 2021, 445 000 personnes ont démissionné (hausse de 14,1 % par rapport à la même période en 2019).

Source : Willis Towers Watson's 2022 Global Benefits Attitudes Survey.

« Je pense donc je suis » a laissé la place à « je travaille donc j'existe ».

« Je pense donc je suis » a laissé la place à « je travaille donc j'existe ». Car en réalité, c'est tout le système qui destine/légitime/impose/piège (rayer les mentions inutiles) notre existence autour de notre capacité à produire de la richesse par le travail pour contenter l'indicateur de réussite de nos sociétés occidentales : le PIB. À l'heure où l'on parle de plus en plus de « grande démission », dire que nous voulons trouver un métier plus épanouissant n'est plus un tabou. Il ne s'agit plus d'une tendance ou d'une vague de désaffection, c'est une véritable lame de fond... Le flou persiste cependant sur le moyen de parvenir à nos fins et aussi sur les métiers qui constitueraient une alternative souhaitable pour les travailleurs – et surtout pour la planète. Quels sont les métiers de la société durable et solidaire de demain ? Cette question, je l'ai posée des dizaines (sans doute même des centaines) de fois ! Et la plupart des réponses qui m'ont été données commençaient par un long silence gêné. Un silence compréhensible tant on marche sur des œufs dès qu'il s'agit de se projeter dans un futur écologique dont nous sommes de plus en plus nombreux à espérer l'émergence, mais dont on peine à voir ne serait-ce que le début d'un commencement. Je ne vous raconte pas la tête de mes parents la première fois que je leur ai dit que je m'intéressais à l'idée de travailler dans l'humanitaire ! Alors, si on ajoute à cela la complexité d'un monde de l'emploi changeant, voire franchement imprévisible…

Il n'est pas étonnant que peu de personnes sachent quoi répondre quand il s'agit de se positionner sur les métiers durables et solidaires du futur comme autant d'expressions d'une économie remise au service du Vivant. Sans compter que les « experts autoproclamés » qui prennent la parole à ce sujet ne s'encombrent pas de considérations écologiques. Leur capacité d'anticipation est tout entière tournée vers le monde connecté hyper-technologique qu'on nous présente comme l'unique perspective. Le futur sera « smart » qu'on le veuille ou non : *smart-city, smart-grid, smart-data, smart-tv, smart-health, smart-farming…* Même nos vêtements seront « smart » dans quelques années.

Pourquoi cette fascination pour la technologie sans jamais prendre le temps de la remettre en question ? Ce qui était un moyen est devenu une fin. Quand réaliserons-nous que nos rêves de voitures volantes et de vies connectées ne sont que des leurres, dont l'effet sera de nous rendre de plus en plus dépendants, voire esclaves d'outils qui nous échappent ? Pourtant, tout le monde a vu *Terminator* ou *I, Robot*, non ? Ce prétendu confort ne nous aide en rien à nous sentir profondément heureux. Peut-on vraiment continuer à utiliser le mot de progrès pour caractériser la machinisation de notre époque ? Il se pourrait cependant que nous ne soyons pas si éloignés d'un sursaut salvateur. Les signaux faibles se font de plus en plus forts. Rien de révolutionnaire du côté des organismes étatiques, certes, mais force est de constater que la vision de l'institution France Stratégie (rattachée au cabinet du Premier ministre) et de la Direction de l'animation de la recherche, des études et des statistiques (Dares) est déjà plus terre à terre. Leur rapport « Quels métiers en 2030 ? » publié en mars 2022 part de la réalité des Françaises et des Français et surtout des besoins de notre société face aux enjeux sanitaires et climatiques de notre époque. Selon eux, « entre 2019 et 2030 seraient créés :

→ 410 000 postes de médecins, infirmiers, professions paramédicales, aides à domicile et aides-soignants ;

→ 180 000 postes dans les métiers de l'informatique et de la recherche ;

→ 135 000 postes d'ouvriers de la manutention ;

→ 120 000 postes dans les métiers du bâtiment (dont la moitié de cadres) ;

→ 45 000 postes dans les métiers industriels ».

BATAILLE D'IMAGINAIRES

Petit florilège des data-âneries qu'on peut recenser dans les articles et les ouvrages qui proposent une vision du travail dans un futur pas si lointain.

DATA BROKER (COURTIER EN DONNÉES)

Le travail du Data Broker consiste à collecter ou à acheter des données sur ton comportement et tes habitudes de consommation. Ces données sont ensuite revendues à des entreprises afin que celles-ci puissent mieux te cibler et te proposer des publicités adaptées à tes besoins et à tes envies... Les croisements d'informations peuvent aussi servir à un ciblage politique de profils d'électeurs lors d'une campagne électorale.

Bonjour l'intrusion dans la vie privée !

... pour te pousser à acheter des choses dont tu n'as pas besoin !

Avec les risques de fraude que cela peut comporter...

ÉDUCATEUR DE ROBOTS

L'éducateur de robots œuvre à corriger la machine de ses biais et à faire évoluer les algorithmes au fur et à mesure des compétences acquises. Dans tous les domaines, nos choix et nos parcours sont rythmés par les algorithmes et les possibilités semblent quasiment infinies. Autre mission de ce spécialiste de la relation homme-machine : réorganiser le travail des humains au regard de ce que savent traiter les robots et aider les collaborateurs à acquérir de nouvelles compétences.

Ne devrait-on pas décider ensemble de fixer (ou pas) une limite d'évolution pour les algorithmes ?

remplacer les travailleurs par des machines pour dépenser moins d'argent

tout ça pour nous pousser à rester le plus longtemps possible devant nos écrans !

et que tu achètes pour une bouchée de pain en favorisant l'industrie de la fast-fashion !

PERSONNAL SHOPPER VIRTUEL

Plus besoin de passer des heures à faire défiler toutes les pages des produits qui t'intéressent sur des sites d'e-commerce. Bientôt, tu t'en remettras au Personal Shopper virtuel. Il interagira avec toi par message, vidéo ou même par téléprésence et réalité augmentée. Son travail consistera à te guider avec infiniment plus d'humanité et d'intelligence pratique qu'un algorithme. Dans l'immensité des rayons virtuels, le Personal Shopper trouvera la perle rare sans même quitter sa maison.

Encore une pièce ajoutée dans la machine de « l'économie de la flemme ». Est-ce vraiment ça, le progrès ?

Mais aussi... consultant en cryptomonnaie, Chatbot Master, implanticienne, Data Steward, ou animateur cross-marketplace.

Il est temps de dire stop et de se réapproprier nos rêves pour créer un futur souhaitable !

Arthur Gosset

auteur et réalisateur du film *Ruptures*, un documentaire sur le changement de cap des étudiants et jeunes diplômés face aux enjeux écologiques et sociaux de notre époque

Pourquoi le sujet du changement de cap des étudiants et des jeunes diplômés méritait-il que tu y consacres un documentaire ?

Je tente au maximum de contribuer au bien commun, et cela passe par la réalisation de documentaires en lien avec l'urgence écologique et sociale et les nouveaux imaginaires dont nous avons besoin. Je me questionne au quotidien sur l'endroit où je peux être le plus efficace. En 2018, je suis à Central Nantes pour mes études et cela bouge beaucoup: démission de Nicolas Hulot de son poste de Ministre de l'écologie en direct sur France Inter, Manifeste pour un réveil écologique, marches pour le climat, etc. Et il y a le fameux discours de Clément Choisne, tout juste diplômé de Central Nantes, qui fait le buzz parce qu'il réussit à mettre des mots sur ce que nous sommes très nombreux à ressentir dans les grandes écoles, c'est-à-dire une forme de désarroi, un décalage, des dissonances que nous ressentons au quotidien entre ce que nous apprenons et l'urgence écologique très présente qu'on lit dans les rapports scientifiques. Nous avons l'impression que les métiers auxquels on nous destine ne nous préparent pas à ces enjeux, et pire, nous feraient contribuer au désastre écologique et aux injustices sociales. Je fais partie de ces jeunes qui questionnent. J'ai des amis qui se posent les mêmes questions et qui expérimentent des choses. Et puis un jour, j'ai une amie de Central Nantes qui décide de faire son stage au sein de La Bascule plutôt que de s'engager pour une entreprise. Quand elle fait ce choix de s'engager pour le milieu associatif, son père arrête de lui parler et moi, je me rends compte que les choix qu'on est amené à faire peuvent être incompris et amener à des ruptures sociales assez fortes. Mes parents aussi avaient du mal à comprendre mes points de vue et je ressens le besoin de suivre six amis qui sont entrés en rupture pour tenter d'expliquer pourquoi on est amené à faire ces choix et de quelles manières cela se matérialise.

Pourquoi, selon toi, ces jeunes, alors même qu'ils n'ont pas converti ou anticipé l'objectif de leurs études, ont décidé de changer de cap plutôt que d'exercer le travail pour lequel ils étaient formés ?

Nous ne sommes plus capables de mettre un centième de notre énergie dans une activité dont nous savons qu'elle va contribuer à ce désastre. Notre conscience de l'urgence nous pousse à faire changer notre système sous tous les angles. Et puis nous avons vu parfois nos parents se faire balayer, virer en un seul mail alors qu'ils avaient travaillé vingt ou trente ans dans la même boîte. Nous avons vu nos grands frères et nos grandes sœurs essayer de changer les choses de l'intérieur, s'épuiser, et faire un burn-out à 35 ans. Aujourd'hui, les jeunes refusent de reproduire ces erreurs et veulent être alignés avec leurs convictions.

Il y a aussi la peur de se faire broyer par le système. En rentrant dans le système avec un job stable dans une belle boîte avec un beau statut social, on prend le risque de se perdre vis-à-vis de ses propres convictions. C'est une peur assez nouvelle, mais qui me semble très rassurante parce que cela veut dire que les jeunes se posent des questions au quotidien sur leur place dans la société. Les jeunes qui arrivent avec cette radicalité-là n'auront aucune hésitation à démissionner le jour où ils ne seront plus en accord avec leur activité. C'est une génération qui a grandi dans l'urgence et l'instabilité (avec le 11-Septembre, la crise financière et aujourd'hui la crise écologique au-dessus de tout cela), qui a peur de l'avenir et qui souffre d'éco-anxiété. Une éco-anxiété qui nous pousse, d'un point de vue presque égoïste, à ne pas vouloir accélérer le désastre en cours.

LA VISION DE L'AVENIR PAR LES JEUNES

The Lancet Planetary Health a publié une étude qui montre que 75 % des jeunes ont peur de l'avenir. « On savait que l'éco-anxiété progressait, notamment parmi les jeunes, qui représentent la population la plus vulnérable, mais on ignorait que cette souffrance psychologique était si étendue et ce mal-être si profond », confie Caroline Hickman, professeure à l'université de Bath au Royaume-Uni et première auteure de l'étude. Réalisé dans dix pays (Philippines, Brésil, Inde, Australie, Portugal, France, Royaume-Uni, Nigeria, États-Unis et Finlande), ce sondage a été effectué auprès de 10 000 jeunes âgés de 16 à 25 ans :

→ 59 % sont « très » ou « extrêmement inquiets » du changement climatique.

→ 45 % affirment que l'anxiété climatique affecte leur quotidien, leur sommeil, leur alimentation, leur travail et leurs divertissements.

→ 56 % estiment que « l'humanité est condamnée ».

→ 39 % hésitent à avoir des enfants.

Pourquoi ce message, ce refus de parvenir, cette volonté de ne pas participer à la prédation généralisée de l'être humain sur le Vivant surprennent-ils ? Pourquoi sont-ils choquants ?

Quand cela vient des parents, cette réaction de silence et de déception peut sembler terrible. Quand on creuse, on trouve une forme de peur car les parents voient leurs enfants sortir du système et se disent qu'ils n'auront pas accès à la sécurité financière, condition sine qua non, selon eux, pour accéder au bonheur. La génération Z a des attentes complètement différentes et souhaite redéfinir ce que sont la stabilité et la réussite. La réussite, ce n'est pas de travailler dans une belle boîte avec un gros salaire et un bon statut social. Pour nous, jeunes diplômés, la réussite, c'est de contribuer autant que nous le pouvons au bien commun. Il y a aussi parfois le sentiment erroné que ceux qui bifurquent pointeraient du doigt les générations précédentes qui ont contribué au désastre écologique et social.

Certaines personnes pensent aussi que les jeunes qui désertent n'ont pas le courage pour faire changer les choses de l'intérieur. C'est vrai que la rupture, ce n'est pas seulement sortir du système, il faut prendre en compte l'individu. Certains ne sont pas assez blindés pour nager à contre-courant. Personnellement, je pense que je suis plus doué pour impulser de nouveaux imaginaires.

Pourquoi ce « non » prononcé par ces jeunes est-il en fait une porte ouverte plutôt qu'une fin de non-recevoir ?

C'est cela qui est beau et c'est ce que je mets en avant dans le film *Ruptures*: nous voulons trouver du plaisir dans notre engagement. Malgré l'éco-anxiété, nous prenons du plaisir dans le fait d'avoir de l'impact et de pouvoir le mesurer. Collectivement, nous pouvons faire bouger les choses et l'important est de trouver au sein de la société la place dans laquelle nous allons nous sentir le plus vivants. Cela peut être en faisant de la politique locale, de la recherche ou encore de l'enseignement, etc. Nous sommes tournés vers l'expérimentation, notamment dans les nouveaux rapports au travail, à l'argent, au confort, au temps. Nous ne voulons plus travailler cinq jours sur sept et dix heures par jour. Nous voulons cumuler plusieurs activités et trouver un équilibre financier qui nous permettra de faire du bénévolat pour avoir des impacts différents et rencontrer des personnes différentes.

La courbe de la colère et du deuil, avant d'atteindre l'épanouissement, va être très différente en fonction des gens. La clé, c'est de nous rendre compte que nous ne sommes pas seuls. Être dans l'action avec d'autres personnes, c'est une immense joie et cela nous donne la possibilité d'oublier un peu l'urgence dans laquelle nous nous trouvons. Je me sens mieux au contact de ces personnes-là qu'avec celles qui sont dans le déni.

Pourquoi les exemples des jeunes que tu suis dans ton documentaire nous offrent-ils de nombreuses raisons de croire à un avenir meilleur ?

Je suis assez confiant vis-à-vis de l'avenir parce que cette radicalité prend du terrain chez les jeunes diplômés et la génération Z en général. J'y crois quand je vois tous ces projets qui émergent un peu partout (comme le festival du Low-Tech à Concarneau). Ce qui nous attend, c'est la sobriété mais surtout la joie. Ces initiatives, qui existent depuis des dizaines d'années aux quatre coins du monde, me montrent que nous pouvons changer le système, notamment au niveau local. J'y crois quand je vois des gens qui agissent depuis des années et qu'ils sont toujours là, dans la lutte positive qui permet d'impulser et de créer un changement.

LA VISION D'ARTHUR : LES ÉTUDES EN 2030 GLORIEUSES

Les études en 2030 Glorieuses vont valoriser le collectif. L'élitisme et l'individualisme seront complètement mis de côté au profit de projets communs.

Les projets seront aussi beaucoup plus transversaux. On ne va plus étudier une thématique unique, il y aura au contraire une interdisciplinarité très forte. Si les études d'ingénieur existent encore, alors il y aura des cours sur la technique mais aussi sur les sciences sociales, la gestion des émotions, même sur la politique ou les médias. Cet enseignement très large nous permettra d'être plus « couteaux suisses » afin d'être mieux préparés à tout ce qui va arriver.

Enfin, les promos seront plus petites, les liens entre les élèves et les enseignants seront plus forts. Le côté intergénérationnel sera aussi plus marqué, avec des personnes de 40, 50 ans qui reprendront leurs études.

Le conseil d'Arthur pour un emploi épanouissant sans attendre les 2030 Glorieuses ?

Questionnez-vous ! Regardez-vous dans le miroir chaque matin ! Sans cesse. Au quotidien, c'est très important de mettre de côté les injonctions sociales et financières pour vraiment suivre ce qui nous anime, et chercher ce qui nous rend heureux.

Quelles ressources recommandes-tu pour continuer à creuser ce sujet passionnant ?

- Le documentaire *Ruptures*.

- La communauté des Paumé.e.s, créée par Makesense pour mener collectivement nos quêtes de sens enrichissantes et tortueuses.

- La communauté The Shifters, un réseau de bénévoles qui discutent et partagent autour de la transition carbone de l'économie, qu'ils soient déjà actifs dans ce domaine ou non.

- L'ouvrage *Va t'faire vivre : surmonter le 21e siècle avec des potes, des bières et des idées*, Justine, Mahault et Matthieu, Marabout, 2021.

- L'ouvrage *Basculons ! Dans un monde vi(v)able*, Tanguy Descamps et Maxime Ollivier, Actes Sud, 2022.

Parmi les jeunes, qui veut encore de ce destin voué à la compétition, à l'accumulation et à la prédation qu'ils ne peuvent plus tolérer et dont la promesse échoue avant même d'avoir été mise à l'essai ? En effet, en l'espace de cinq ans, ils ont pris conscience de la nécessité de faire entrer dans leurs destins professionnels les enjeux écologiques et sociaux du XXIe siècle, là où les générations précédentes se sont évertuées à créer une digue mentale trop souvent infranchissable. Et les prises de parole au cours desquelles ils exposent leur besoin de ne plus se mentir ne passent pas inaperçues. C'est bien entendu le cas de la vidéo de l'« appel à déserter » des étudiants lors de la remise des diplômes AgroParisTech 2022, mise en ligne le 10 mai 2022, qui a été largement partagée et commentée au moment de sa sortie. Rien que sur YouTube, elle cumule plus de 900 000 vues. Ce discours n'est ni le premier ni le dernier. Les témoignages de cette jeunesse surdiplômée sont l'un des signaux faibles du sentiment de « ras-le-bol » généralisé. Avant les étudiants d'AgroParisTech, Clément Choisne avait tenu des propos similaires lors de la remise des diplômes de Central Nantes en 2018. Dans la foulée de la remise des diplômes AgroParisTech 2022, ce sont les élèves de HEC, puis de Polytechnique et de Sciences-Po qui ont pris le micro pour dire leur malaise face aux voies tracées par ces grandes écoles, qui les conduiraient à l'opposé des directions à prendre pour rester sous le + 1,5 °C. Depuis 2018, plus de 33 000 d'entre eux se sont ralliés au Manifeste pour un réveil écologique exprimant ainsi leur volonté d'intégrer les enjeux écologiques dans leur quotidien, et surtout dans leurs futurs métiers. Cet élan a donné vie à un véritable mouvement œuvrant aujourd'hui à outiller cette jeunesse qui souhaite non seulement « réveiller sa formation », mais aussi « réveiller son employeur ».

DÉCLARATION DES DIPLÔMÉS D'AGROPARISTECH 2022

« Les diplômé.e.s de 2022 sont aujourd'hui réuni.e.s une dernière fois après trois ou quatre années à AgroParisTech.
Nous sommes plusieurs à ne pas vouloir faire mine d'être fier.ère.s et méritant.e.s d'obtenir ce diplôme à l'issue d'une formation qui pousse globalement à participer aux ravages sociaux et écologiques en cours. Nous ne nous considérons pas comme les « talents d'une planète soutenable ».
Nous ne voyons pas les ravages écologiques et sociaux comme des « enjeux » ou des « défis » auxquels nous devrions trouver des « solutions » en tant qu'ingénieur.e.s. Nous ne croyons pas que nous avons besoin de « toutes les agricultures ».

Nous voyons plutôt que l'agro-industrie mène une guerre au Vivant et à la paysannerie partout sur terre. Nous ne voyons pas les sciences et techniques comme neutres et apolitiques.
Nous pensons que l'innovation technologique ou les start-up ne sauveront rien d'autre que le capitalisme.
Nous ne croyons ni au développement durable, ni à la croissance verte.
Ni à la « transition écologique », une expression qui sous-entend que la société pourra devenir soutenable sans qu'on se débarrasse de l'ordre social dominant. (...)
À vous qui sentez un malaise monter sans pouvoir le nommer,

Qui trouvez souvent que ce monde est fou,

Qui avez envie de faire quelque chose mais ne savez pas trop quoi,

Ou qui espérez changer les choses de l'intérieur et n'y croyez déjà plus vraiment,

Nous avons douté, et nous doutons parfois encore. Mais nous avons décidé de chercher d'autres voies, de refuser de servir ce système et de construire nos propres chemins. (...)

Ne perdons pas notre temps !

Et surtout ne laissons pas filer cette énergie qui bout quelque part en nous !

Désertons avant d'être coincés par des obligations financières.

N'attendons pas que nos mômes nous réclament des sous pour faire du shopping dans le métavers, parce que nous aurons manqué de temps pour les faire rêver à autre chose.
N'attendons pas d'être incapables d'autre chose qu'une pseudo-reconversion dans le même taf, mais repeint en vert.
N'attendons pas le douzième rapport du GIEC qui démontrera que les États et les multinationales n'ont jamais fait qu'aggraver les problèmes et qui placera ses derniers espoirs dans les révoltes populaires.
Vous pouvez bifurquer maintenant.
Commencer une formation de paysan-boulanger,
Partir pour quelques mois de wwoofing,
Participer à un chantier dans une ZAD ou ailleurs,
Rejoindre un week-end de lutte avec les Soulèvements de la Terre,
S'investir dans un atelier de vélo participatif ?
Ça peut commencer comme ça.
À vous de trouver vos manières de bifurquer. »

Malheureusement, pendant que certains bifurquent, d'autres s'aveuglent et s'enlisent. Selon les auteurs d'une étude de Dell et du think tank « L'Institut pour le Futur », 85 % des emplois de notre prochaine décennie n'existent pas encore. En cause, le développement de la numérisation, de la robotisation et de l'intelligence artificielle. Pour le travailleur du futur, le seul moyen de s'adapter sera la mobilité et la capacité à acquérir de nouveaux savoirs rapidement. Et si ce chiffre n'indique, au mieux, que la vision hors-sol d'une entreprise mondialisée, il ne tient absolument pas compte de ce qui compte vraiment pour les êtres humains – le sens, l'épanouissement, le lien, le plaisir, la sensibilité, l'esthétique, garants de notre équilibre physique, psychique et mental –, ni des contraintes qui vont se faire de plus en plus fortes sur nos sociétés (et donc sur l'économie et le monde du travail) du fait de l'urgence écologique.

Pas une fois l'environnement et les enjeux écologiques ne sont mentionnés dans le rapport proposé par cette entreprise américaine mondialement réputée. Pas une trace de la raréfaction des ressources. Pas un questionnement concernant le mal-être de plus en plus profond des personnes qui se retrouvent confrontées au tout technologique dans leur travail. Rien non plus sur la souffrance animale. Comme si tous ces sujets n'étaient que des illusions d'optique. Et pourtant, les journalistes et les auteurs jouent le jeu de cet imaginaire dystopique en reprenant ce chiffre avec une fréquence qui frôle l'obsession, souvent au format copier-coller. Pour ne vous citer que quelques-uns des plus éminents : *Le Figaro*, Novethic, Studyrama, France Culture, *La Tribune*, Brut, Europe 1, We Demain... Même Pôle Emploi s'y est mis !

C'est au mieux une grave erreur. Au pire, c'est faire acte de complicité d'un suicide collectif. Les journalistes et les experts relaient cette « étude » et semblent justifier l'idée que l'avenir qu'elle propose est une évidence, alors qu'elle véhicule (et donc cautionne) une idéologie techno-futuriste, évolution logique du capitalisme, qui est incapable de voir le Vivant autrement que comme une ressource corvéable à merci, une terre de colonisation qu'elle exploite en méprisant les conséquences écocides, criminelles et mortifères. Qu'en est-il du manque à venir des matières premières ? Comment fera-t-on quand les énergies fossiles deviendront bien plus rares et donc fatalement plus chères ? Comment les crises géopolitiques et les migrations massives agiront-elles sur le marché du travail ? Quels impacts auront les réglementations écologiques, les politiques de planification économique et les vagues de renationalisation (aux prémices desquelles nous assistons) sur nos destins professionnels ? Sans évoquer une seule fois ces questions, l'étude avance avec une certitude qui tourne presque à la mauvaise foi le fait que « 85 % des emplois de 2030 n'existent pas encore. » Comment accorder à ce chiffre un quelconque crédit ? Et pourtant, en le répétant partout comme un fait avéré, nos faiseurs d'opinion enferment les citoyens dans cette seule perspective et bouchent par là même leurs autres futurs possibles – sans doute autrement plus désirables pour toutes les raisons citées plus haut.

Cette dictature exercée sur les représentations des horizons possibles suit une mécanique parfaitement huilée… Et voilà comment la plupart des gens qui souhaitent changer de métier pour un emploi plus durable s'imaginent enfiler leur plus belle chemise à carreaux pour cultiver un bout de terrain en bio comme seule perspective professionnelle vraiment engagée. Vous trouvez cette affirmation un peu clichée? Et pourtant… Prenez quelques instants et essayez de répondre à cette question: quels sont les métiers épanouissants de la société durable et solidaire de demain? Soyons bien clairs, il ne s'agit pas des métiers d'aujourd'hui qui pourraient tenter d'apporter une transformation plus ou moins importante au pillage du Vivant que notre monde économique tente encore de nous faire paraître comme normal. Si l'on a besoin aujourd'hui de «conseillers en bilan carbone» et de responsables RSE, ces métiers n'auront plus vraiment de sens dans une société qui aura définitivement abandonné la seule croissance du PIB pour d'autres croissances bien plus souhaitables, comme la croissance de la solidarité, la croissance du sens, la croissance de la régénération du Vivant, la croissance du silence, la croissance du bonheur et j'en passe.

La bataille des modes de vie du futur commence par les imaginaires.

La bataille des modes de vie du futur commence par les imaginaires. Et les défenseurs du «tout consommable, tout connecté, tout jetable» ont clairement un temps d'avance en ce qui concerne nos représentations de la réussite sociale mais aussi professionnelle. Une triste réalité qui n'est pourtant pas une fatalité. Refusons de laisser croire aux générations futures que leur avenir professionnel se fera avec un casque de réalité virtuelle vissé sur la tête H24. Refusons d'accepter que nos métiers soient forcément décevants et que notre épanouissement personnel ne puisse se faire que dans notre temps libre. Refusons de continuer à dire qu'une société radicalement écologiste est forcément un modèle amish. Refusons de laisser aux puissants le monopole du mot «croissance», qui est dans notre esprit fatalement accolé au mot «économique». Ayant exploré grâce aux 2030 Glorieuses, depuis plus de trois ans, le terrain des possibles, je soutiens avec conviction: non, ce n'est pas vrai que 85 % des métiers de demain n'existent pas encore. C'est même tout l'inverse:

plus de 85 % des métiers des 2030 Glorieuses existent déjà !

L'HUMANITÉ FACE AUX LIMITES DE LA PLANÈTE TERRE

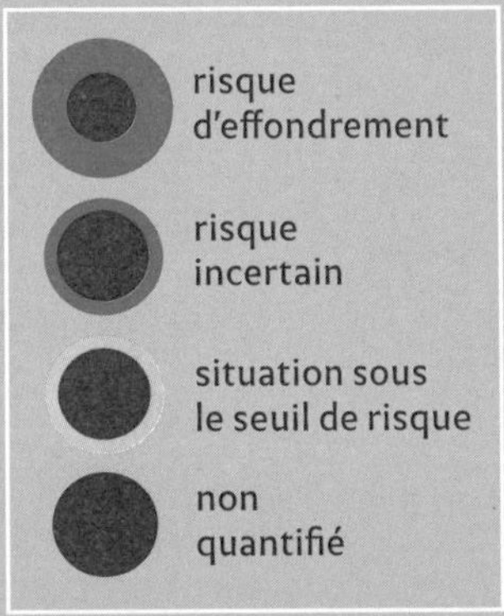

Les activités humaines ont plongé la planète dans une nouvelle ère géologique dénommée l'Anthropocène. La société thermo-industrielle serait la principale cause des déséquilibres terrestres et les limites planétaires dont l'équilibre s'est construit sur des centaines de millions d'années est sur le point de basculer dans l'inconnu.

La Métropole de Lyon a ainsi réalisé une série d'infographies sur chacune des limites planétaires. De nombreux liens ont été identifiés entre les différentes composantes de la planète (biosphère, atmosphère, lithosphère, hydrosphère) qui constituent un ensemble interdépendant et fragile.

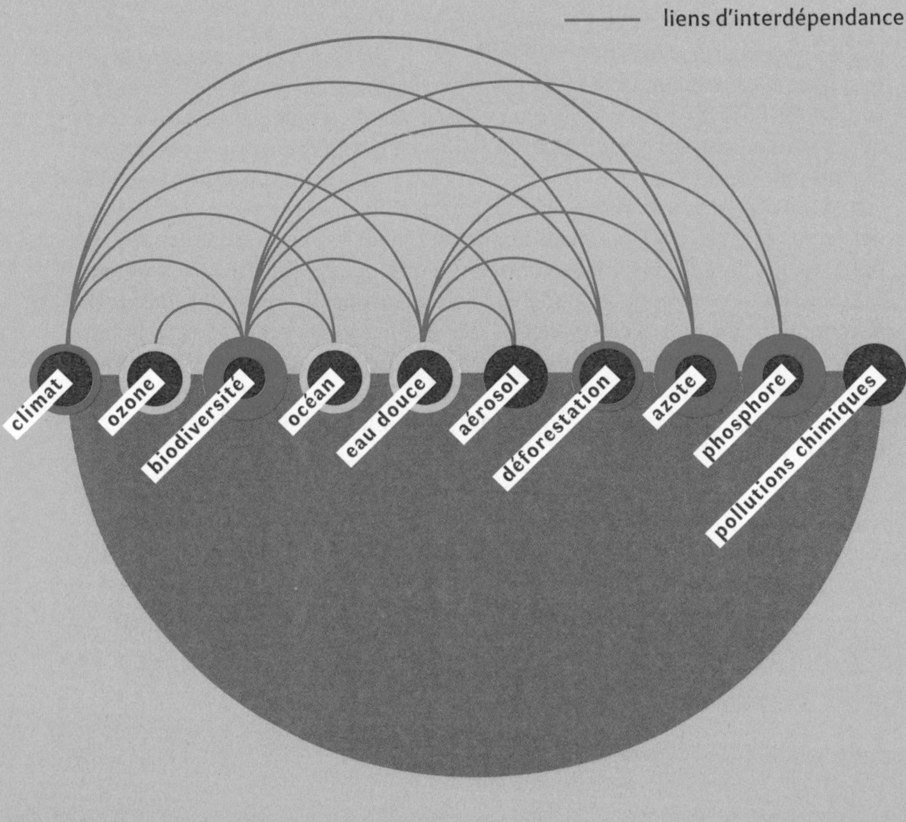

climat La limite planétaire est de 350 parties par million de CO_2 dans l'atmosphère (cela signifie qu'il y a 350 molécules polluées sur 1 million de molécules d'air). Actuellement, nous sommes à près de 400 ppm de CO_2. La dernière fois que notre planète a connu une fonte totale des glaces, il y a plus de 3 millions d'années, le seuil de 450 ppm de CO_2 avait été dépassé.

---

biodiversité Les hypothèses hautes mettent en avant un niveau d'extinction d'environ 1000 espèces chacune année par million d'espèces : un chiffre 100 fois supérieur à la limite planétaire et qui ne tient pas compte de l'érosion naturelle du Vivant.

---

eau douce La perturbation du cycle de l'eau est mesurée par la quantité d'eau douce prélevée par l'Homme. Pour l'instant, le seuil de 4 000 km^3/an n'a pas été dépassé (il est aujourd'hui de 2 600 km^3/an) mais certaines régions sont déjà dans des situations très détériorées.

---

déforestation Cette limite planétaire est mesurée par l'évolution de la surface forestière dans le monde : or, seules 62 % des surfaces forestières originelles à travers le monde existent encore. La surface forestière a donc considérablement diminué. Toutefois, les risques entrainés par ce dépassement sont incertains. Notons que les effets de la déforestation sont démultipliés pour les forêts tropicales.

---

phosphore Les perturbations des milieux aquatiques du fait de la dispersion du phosphore dans l'environnement se sont multipliées. Aujourd'hui, la quantité de phosphore déversée dans l'environnement sur une année est deux fois supérieure à la limite planétaire qui a été fixée.

ozone Grâce à la mobilisation internationale à la suite du protocole de Montréal en 1987, la couche d'ozone devrait entièrement se reconstituer au cours du XXIe siècle, malgré des dépassements localisés et temporaires dus à des conditions climatiques particulières.

---

océan Au-delà d'un certain seuil d'acidité, le phénomène de calcification indispensable à certains organismes marins est impossible. Cette limite n'a pas été dépassée mais l'acidité des océans pourrait doubler d'ici 2050.

---

aérosol Aucune étude ne permet aujourd'hui d'évaluer de façon satisfaisante l'augmentation de la charge atmosphérique en aérosols à l'échelle globale. Chaque année, la pollution atmosphérique aux particules fines tue autant que l'alcool et le tabac réunis, soit jusqu'à 9 millions de morts.

---

azote Dans plusieurs zones, les capacités des écosystèmes à assimiler l'azote arrivent à saturation. La limite planétaire a été dépassée avec un niveau actuel de 150 GT N/AN (exprimé en milliards de tonnes d'azote par an) pour une limite fixée à 62 GT N/AN.

---

pollutions chimiques Il existe de nombreuses substances dont les effets nocifs sur l'environnement et les organismes sont encore incertains du fait de l'absence d'études suffisantes. Les scientifiques considèrent cette limite comme une « réserve de menaces potentielles » pour le système Terre.

Un grand oui

Contre toute attente, ces enjeux écologiques et sociétaux colossaux peuvent être l'occasion idéale pour redonner à nos vies la dimension qu'elles méritent. Rompre avec cette attirance techno-solutionniste maladive est en réalité tout sauf un renoncement à voir l'humanité progresser. C'est au contraire un grand « OUI », crié avec joie et conviction. Un pas en avant qui nous permettra de cheminer ensemble vers des lendemains qui chantent. L'urgence écologique est l'occasion de se poser la question : quelle place pour l'être humain sur cette planète ?

Ne plus suivre aveuglément les lumières du métavers, ce n'est pas renoncer au progrès. Au contraire, c'est s'autoriser à le requestionner pour lui redonner tout son intérêt. Je suis persuadé que vous avez envie, comme moi, de viser un progrès qui nous permettrait de participer à un bonheur profond et collectif, de régénérer toutes les branches du Vivant, de créer les conditions pour que les individus puissent exprimer leur créativité et leurs talents au quotidien, de recréer un lien fort entre les êtres humains et les autres espèces non humaines, etc. Quelle fierté pour notre humanité de pouvoir prendre à bras-le-corps ces défis afin d'en faire nos nouvelles boussoles et nos indicateurs d'une réussite qui ne serait plus galvaudée ! Rien d'utopiste dans ces propos, puisque

« Nous ne défendons pas la nature, nous sommes la nature qui se défend. »

les prémices de ces perspectives sont déjà présentes tout autour de nous. Vous le savez comme moi si vous avez participé aux marches pour le climat qui font descendre la jeunesse dans la rue depuis quelques années : « Nous ne défendons pas la nature, nous sommes la nature qui se défend. » Les slogans percutants, les pancartes bien trouvées et les appels toujours plus puissants ont montré pendant de nombreux mois les attentes de notre jeunesse d'une vie plus saine, plus douce, plus joyeuse, plus Vivante ! Et plus que jamais, les alternatives bruissent, s'entrechoquent, se libèrent et montrent que d'autres chemins s'offrent à nous. Il apparaît donc essentiel de leur faire de la place et de les relayer comme autant de clés pour ouvrir les cadenas de nos imaginaires fermés à double tour par les dystopies omniprésentes.

Et même si les perspectives d'un renouveau libéré de ces oppressions matérialistes étaient réellement utopiques, il n'y a en réalité rien de grave à les qualifier ainsi. Au contraire, les utopistes ont toujours été ceux qui ont eu raison avant les autres. D'autant que, plutôt que d'imposer à la majorité laborieuse une vision (subversive), les utopies que je vais vous partager dans les pages à venir ont la vertu de nous libérer de notre passivité, de notre soumission inconsciente, voire de notre asservissement. Là où les deux derniers siècles nous ont enfermés dans le rôle d'*homo economicus*, dont la seule mission était de faire tourner la roue de la croissance du PIB par son travail et par sa consommation, les utopies en gestation vont nous permettre de redevenir des citoyens proactifs, tant sur la construction d'un vivre-ensemble raffermi que dans la quête de nouvelles croissances. Nos métiers y contribueront grandement. Forcément !

NOS VICTOIRES FUTURES

- La vie sauvage respectée, protégée, régénérée.
- Des transports partagés accessibles partout et pour tous.
- Un air respirable, une eau pure.
- Le silence dans nos villes pour laisser plus de place aux rires des enfants et aux chants des oiseaux.
- Des objets mis en commun pour créer du lien entre les êtres humains.
- Le retour de la faune et de la flore dans les espaces urbains, mais aussi dans les champs.
- L'augmentation de l'espérance de vie en bonne santé.

Fanny VIOT

chargée de mission Territoires et emploi à l'Ademe, l'Agence de la transition écologique qui participe à la mise en œuvre des politiques publiques dans les domaines de l'environnement, de l'énergie et du développement durable

Pourquoi viser la neutralité carbone à horizon 2050 ?

On est sur un énorme enjeu à l'échelle mondiale de réduction très forte de nos émissions de gaz à effet de serre. L'objectif est que ces dernières soient neutres, c'est-à-dire qu'on émette autant que ce qu'on capte grâce à ce qu'on appelle les puits carbone (les forêts, les océans, les sols, etc.) pour contenir le réchauffement climatique, même si ses effets sont déjà sensibles et le seront fortement encore dans les prochaines décennies. Cela nous permettra en tout cas d'éviter l'emballement du réchauffement et de revenir à des niveaux beaucoup plus soutenables pour l'humanité et les écosystèmes.

Pourquoi regarder le futur pour agir aujourd'hui ?

L'année 2050 peut paraître loin, mais ce n'est que dans 28 ans (cette interview a eu lieu en juillet 2022). L'objectif est bien d'agir le plus fort possible, maintenant, à beaucoup d'échelles différentes et dans beaucoup de domaines. L'action, ce n'est pas demain, c'est aujourd'hui !

L'idée de lever la tête et de regarder l'horizon ne consiste pas à contempler le paysage en se retrouvant paralysé par une vision purement intellectuelle de ce qui pourrait se passer et à quoi ressemblera notre société dans une trentaine d'années. Au contraire, l'idée, c'est de donner envie d'avancer sur des chemins qui impliquent des choix sociétaux et technologiques assez différents. L'Ademe travaille depuis longtemps sur la prospective et la question du regard lointain et avec l'exercice prospectif *Transition(s) 2050*, nous avons choisi de travailler sous l'angle des récits sociétaux pour proposer des modes de vie différents de manière très parlante et très concrète autour des questions de logement, d'alimentation, de production, etc. afin de dépasser l'abstraction pour mobiliser le plus grand nombre.

Pourquoi dire qu'il n'y a pas un seul chemin possible pour se mettre à la hauteur des enjeux de notre siècle ?

Nous voulions illustrer le champ des possibles sans choisir un scénario plutôt qu'un autre car le rôle de l'Ademe est de nourrir le débat politique et sociétal. Nous avons essayé à chaque fois de proposer des récits cohérents et nos modélisations permettent de voir comme nous les rendons désirables et réalisables. L'Ademe propose donc quatre scénarios pour atteindre la neutralité carbone en 2050 :

- **Génération frugale.** Ce scénario mise sur une évolution très forte de nos modes de vie dans des délais très courts. La sobriété sous la contrainte, est-ce possible, est-ce acceptable ? Le développement technologique serait assez limité.

- **Coopérations territoriales.** Ce scénario s'appuie beaucoup sur le développement de l'économie du partage avec une gouvernance décentralisée et de nombreuses relations entre les mondes ruraux et les mondes urbains. Il y a aussi des changements de modes de vie assez importants, même si les curseurs sont poussés moins loin qu'avec le premier scénario.

- **Technologies vertes.** Ce scénario présente toujours des évolutions de nos modes de vie mais on mise aussi sur une évolution des technologies beaucoup plus forte pour décarboner plus rapidement un certain nombre de filières et de secteurs économiques.

- **Pari réparateur.** Le mot « pari » représente le risque car ce scénario pousse le curseur de la technologie encore plus loin et mise sur des changements plus faibles dans nos modes de vie et sur le développement de technologies qui ne sont pas matures à l'heure actuelle, comme la captation du carbone.

Pourquoi ces transformations à venir sont-elles aussi des opportunités au niveau économique et donc pour nos emplois ?

Nos emplois ont déjà fortement évolué avec la transition écologique. On a vu l'apparition de notions comme les « emplois verts » ou les « emplois verdissants ». Et il y a également de plus en plus d'aspirations sociétales concernant le sens qu'on met dans nos activités professionnelles. Les transformations à venir sont forcément très variées selon les filières et certaines sont déjà en marche.

On a un gros enjeu autour du bâtiment et de la rénovation énergétique, qui est extrêmement importante dans tous nos scénarios. Pour ça, il va falloir des bras mais aussi des expertises assez nouvelles, avec l'essor de postes comme chef de projet rénovation énergétique qui vont se concentrer sur la performance énergétique des futurs travaux. On va avoir aussi de plus en plus un enjeu sur l'archéologie des bâtiments, car rénover des bâtiments qui ont plusieurs dizaines d'années implique de connaître les matériaux de l'époque afin d'optimiser la rénovation.

La filière vélo va aussi fortement se développer, tandis que les filières aéronautique et automobile vont décroître dans les années à venir. Il y a donc un enjeu fort en ce qui concerne la transférabilité des compétences pour définir comment les nouvelles filières de mobilité pourront accueillir cette main-d'œuvre qualifiée. Il ne faut pas faire de job-washing, la transition écologique ne va pas générer que des créations d'emplois. Certains sites vont fermer et des emplois vont disparaître. L'objectif est d'être conscient de ces changements à venir afin d'adapter l'évolution du système de formation pour les générations futures et les personnes qui devront se reconvertir.

Enfin, il ne faut pas oublier qu'un certain nombre de métiers existent depuis longtemps, qui font sens et qui feront sens quel que soit le scénario qui sera choisi pour atteindre la neutralité carbone, comme les métiers du lien, de la culture, de l'éducation. Tout n'est pas à réinventer.

MÉTIERS VERTS, MÉTIERS VERDISSANTS, VRAIMENT ?

Selon le ministère de la Transition écologique, les emplois de l'économie verte concernaient directement près de 4 millions de personnes en France en 2018. Selon la nomenclature officielle, 140 000 personnes (soit 0,5 % de l'emploi total) exerçaient un métier dit « vert », et près de 3,8 millions d'actifs (soit 14 % de l'emploi), occupaient un métier potentiellement « verdissant ».

Comment ne pas contester cette classification, qui est propre à notre économie libérale et donc complètement déconnectée des réels enjeux écologiques ? En effet, les métiers dits « verts » regroupent principalement des métiers de l'assainissement et du traitement des déchets, mais aussi de la production d'énergie, des filières dédiées à revaloriser tant bien que mal la casse et les rebuts de notre société de surconsommation. Un modèle « vert » qui montre bien ses limites aujourd'hui : si cette catégorie intègre quand même les agents forestiers et les gardes d'espaces naturels, il ne prend pas en compte les métiers directement au contact du Vivant comme les agriculteurs, pour ne citer qu'eux. Les métiers dits « verdissants » touchent sans doute plus juste avec la présence des métiers du bâtiment, de la maintenance en industrie ou de la recherche. Mais, là encore, les délimitations sont très (trop) floues, preuve qu'il y a un travail primordial à réaliser sur la catégorisation et le calcul des impacts vertueux des métiers qui nous rapprocheront des 2030 Glorieuses.

Pourquoi les pouvoirs publics ne peuvent-ils pas être seuls à se saisir de ces scénarios ?

Ces scénarios sont une projection collective et quand on étudie les leviers sur lesquels les territoires ont la main par rapport au niveau national, c'est loin d'être négligeable. L'objectif est donc d'agir à la fois sur la projection que peuvent avoir les décideurs politiques et économiques, mais également à l'échelle citoyenne pour que les deux projections évoluent de concert. Quand on parle de réception de mesures publiques, si elles sont mal préparées dans les territoires ou auprès des citoyens, elles peuvent être très mal perçues même si elles vont dans le bon sens, par exemple une très forte sobriété.

Des décisions politiques fortes et ambitieuses sont clairement nécessaires. Le Haut Conseil pour le climat a notamment fait un certain nombre de recommandations sur la question mais la réception dans les territoires par la population est au moins aussi importante.

Quels sont vos conseils pour accompagner ces mutations et atteindre l'un de ces scénarios proposés par l'Ademe ?

Tout effort est utile à l'heure actuelle même s'il n'est pas suffisant. Il y a déjà des bulles de ce 2050 qui existent tout autour de nous et fréquenter ces bulles, y participer, invite à l'optimisme dans l'action. C'est ce que nous essayons de faire à l'Ademe : identifier ces initiatives locales, les faire mieux connaître, pour qu'elles changent d'échelle et que cette transformation collective advienne.

Quelles sont les ressources que tu nous recommandes pour aller plus loin ?

- Le site www.ademe.fr qui a une bibliothèque de publications très riche.
- Le podcast « Demain, c'est pas loin » de l'Ademe.
- Le livre *Éloge du carburateur* de Matthew B. Crawford, un essai sur le sens et la valeur du travail publié aux Éditions La Découverte.

LA NEUTRALITÉ CARBONE À L'HORIZON 2050, OUI, MAIS COMMENT ?

Face à l'urgence climatique, les changements à opérer sont d'une telle ampleur qu'il est fondamental d'organiser des débats poussés à toutes les échelles de la société pour que chacune et chacun puisse en comprendre les enjeux, donner son avis et s'approprier les transformations à venir. Afin de nous y aider, l'Ademe a voulu soumettre au débat quatre chemins possibles pour conduire la France vers la neutralité carbone : un travail précieux qui nous donne une vision plus concrète de nos avenirs.

génération frugale

Des transformations importantes dans nos habitudes du quotidien (se déplacer, se chauffer, s'alimenter, acheter et utiliser nos équipements) permettront d'atteindre la neutralité carbone. La sobriété est la nouvelle boussole de notre société. De nouvelles demandes des consommateurs, mais surtout de nouvelles habitudes apparaissent rapidement dans les modes de consommation. Cela se traduit notamment par une demande énergétique qui est fortement réduite grâce à des innovations comportementales, organisationnelles et technologiques. Pour résumer, la transition est synonyme de frugalité, que ce soit par la contrainte ou par une sobriété désirée.

Quelles que soient les transformations de nos modes de vie, souhaitables ou pas, elles auront forcément un impact énorme sur l'économie et donc nos métiers.

coopérations territoriales

La société connaît des transformations majeures grâce à l'adoption de principes de gouvernance partagée et de coopérations territoriales. Les différentes composantes de la société (organisations non gouvernementales, institutions publiques, secteur privé et société civile) s'accordent sur des voies de coopération pragmatiques qui permettent de retrouver une vraie cohésion sociale. Elles optent pour une évolution progressive du système économique à un rythme soutenu pour viser plus de durabilité, grâce aux leviers de la sobriété et de l'efficacité qui permettent d'atteindre la neutralité carbone. Mesure et responsabilité définissent le tempo de la consommation, sans oublier le partage qui se démocratise largement.

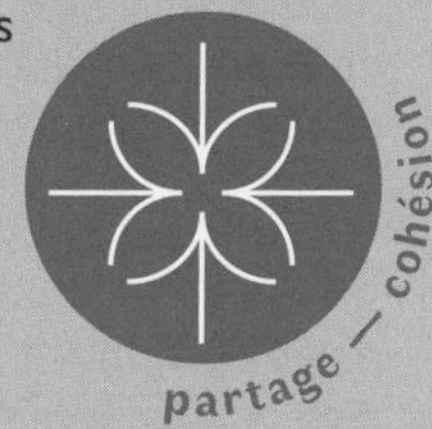

technologie verte

Dans ce scénario, c'est le développement technologique qui est le levier principal pour répondre aux défis environnementaux. Les changements de comportements vers plus de sobriété sont moins importants. Le développement comme nous l'entendons actuellement se poursuit, notamment au niveau de l'étalement urbain avec des métropoles qui continuent à se développer. En parallèle, les technologies et le numérique, qui permettent l'efficacité énergétique, se déploient dans tous les secteurs.

pari réparateur

C'est sans doute le scénario le plus risqué car les modes de vie du début du XXIe siècle ne sont pas affectés. Notre surconsommation de biens implique fatalement une forte demande en énergie et en ressources avec des impacts potentiellement forts sur l'environnement. Notre société place donc sa confiance dans sa capacité à gérer les atteintes aux systèmes sociaux et écologiques, voire à les réparer, en utilisant davantage de ressources matérielles et financières pour assurer un monde vivable. Cet appui exclusif sur les technologies comporte de vrais risques dans la mesure où la majorité d'entre elles ne sont pas matures.

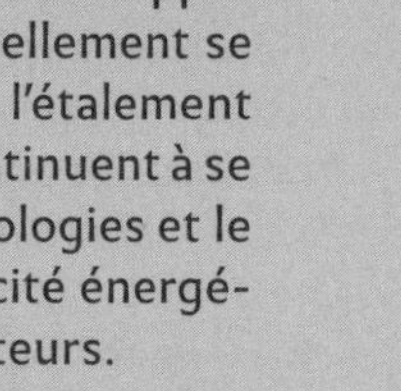

Croissance du sens, croissance de la solidarité, croissance du Vivant, croissance du bonheur, croissance de l'harmonie, croissance de l'émerveillement, croissance de l'amour... Les prochaines décennies nous réservent tant de victoires, à condition que nous parvenions à y dédier notre énergie, nos convictions, nos expertises et, avant tout, notre temps. Nos métiers vont s'en trouver bouleversés, pour le meilleur. Si on prend en compte « seulement » la nécessité d'atteindre la neutralité carbone au plus vite (car nous devons aussi protéger la biodiversité, réduire nos pollutions, etc.), de plus en plus de spécialistes s'accordent à dire que les mutations profondes que va connaître notre économie dans les années à venir généreront des centaines de milliers d'emplois supplémentaires.

C'est le propos du Shift Project, un think tank qui œuvre en faveur d'une économie libérée de la contrainte carbone. Dans son rapport *L'Emploi : moteur de la transformation bas carbone*, sixième rapport final du vaste Plan de transformation de l'économie française, le Shift Project explique qu'il s'agit de faire de l'emploi « l'un des moteurs d'une décarbonation organisée et réussie, plutôt qu'une variable d'ajustement soumise à la fréquente brutalité des choix faits dans l'urgence. Les contraintes énergétiques et climatiques, elles, nous rattraperont tôt ou tard. La ressource humaine est un des facteurs clés de réussite, sinon le principal, de cette nécessaire transformation ». Bien sûr, tout ne se fera pas dans la facilité et certains pans de notre économie devront réduire largement leur voilure, voire disparaître, ce dont le think tank convient : « L'emploi de tous les secteurs sera impacté par la transformation bas carbone, mais de manière très hétérogène, et parfois massive. Ces changements aboutissent à une croissance nette modérée de la demande de main-d'œuvre à horizon 2050 (de l'ordre de + 300 000 emplois), cachant de fortes créations (1,1 million) et destructions (800 000). »

L'ÉVOLUTION DES EMPLOIS EN FRANCE PAR SECTEUR JUSQU'À 2050 SELON LE SCHIFT

→ **Agriculture :** + 451 000 emplois
→ **Forêt et bois :** + 30 000 emplois
→ **Ciment et béton :** – 17 000 emplois
→ **Industrie automobile :** – 312 000 emplois
→ **Industrie du vélo :** + 232 000 emplois
→ **Fret :** – 3 000 emplois
→ **Mobilité :** + 6 000 emplois
→ **Logement :** – 86 000 emplois
→ **Administration, santé, culture :** plus ou moins stable

De son côté, l'Ademe se montre encore plus optimiste et prédit un bénéfice net (en dépit des baisses forcées dans les secteurs dépendant des énergies fossiles) de 340 000 emplois vertueux en 2035 et jusqu'à 900 000 emplois à horizon 2050. Des métiers créés dans tous les secteurs et à tous les niveaux, du CAP à Bac + 8, avec comme exemples : diagnostiqueur déchets, agent de tri, technicien de maintenance des parcs industriels, métiers de la chaudronnerie et de la soudure, ingénieur agronome, ingénieur méthanier, etc.

Le sursaut est possible ; il est même vital.

Après avoir été largement malmenées ces dernières années par la digitalisation, l'ubérisation, la plateformisation ou encore la généralisation du télétravail, nos vies professionnelles sont souvent à l'agonie. Pourtant, rien n'est perdu. Le sursaut est possible ; il est même vital. Alors osons affirmer que nos années à venir vont rompre avec ce long et douloureux déclin. Car, comme le dit la sociologue et philosophe spécialiste du travail Dominique Méda : « La reconversion écologique va réhumaniser le travail. » De la quantité donc, mais aussi de la qualité. Ça, c'est une bonne nouvelle dont devraient s'emparer tous les professeurs, tous les conseillers d'orientation, mais aussi toutes les personnes qui accompagnent les chômeurs et les chômeuses. Et quand vos proches se font du souci pour vous (parents, amis et j'en passe), dites-leur bien que non seulement vous allez en profiter mais que, grâce à l'énergie que vous allez apporter à cette transformation, eux aussi en bénéficieront !

C'est une véritable révolution à laquelle nous assistons déjà et qui va se développer dans les prochaines années et décennies. Notre économie, revenant à une échelle humaine, revitalisera nos territoires en misant sur le développement des savoir-faire et de la coopération. Les artisans redynamiseront nos villes, tandis que les maraîchers seront salués pour la qualité de leurs produits goûteux et variés, ce supplément d'âme qu'ils apportent à notre quotidien. Les métiers du soin à la personne seront enfin reconnus à leur juste valeur, comme ceux de la culture et de l'éducation. Le patron ne sera plus vu comme le grand méchant loup, ni le fonctionnaire comme le fainéant qui se tourne les pouces. Métier manuel ou intellectuel ? La question ne se posera plus comme cela. Terminé, le prétendu classement des métiers selon leur prestige ! Terminé aussi, le manque de considération dont ont souffert tellement d'étudiants qui ont suivi des filières manuelles. En 2030 Glorieuses, seul l'intérêt pour la société importe. Mieux vaut compter sur un citoyen épanoui que sur un citoyen riche à millions. C'est une question non plus d'accaparement des richesses et des pouvoirs, mais de mise en commun et de bonheur. Qu'il paraîtra loin, alors, le temps où les premiers de corvée regardaient avec envie les premiers de cordée !

COMMENT MESURER LE BONHEUR AU TRAVAIL ?

À l'heure où les grandes entreprises se félicitent d'avoir dans leurs équipes des CHO (*Chief Happiness Officer*, ou « Responsables du bonheur »), il est urgent de se poser la question de ce qui nous rend vraiment heureux au travail et comment le mesurer. Car, non, le baby-foot dans la salle de pause n'est pas forcément synonyme de salariés épanouis.

Comment savoir si je suis heureux dans mon travail ?

- ☐ J'ai une activité porteuse de sens et d'utilité pour la société et pour moi.
- ☐ J'entretiens des relations saines et enrichissantes avec mes collègues.
- ☐ J'ai des responsabilités à ma portée et je suis régulièrement formé pour élargir mon périmètre d'action.
- ☐ Je touche une rémunération juste et décente.
- ☐ J'exerce mon activité dans un cadre épanouissant et sain.
- ☐ Je peux exprimer mes doutes, mes frustrations, mes attentes, mes envies en toute liberté lors de moments dédiés régulièrement organisés.
- ☐ Je suis reconnu dans mon travail par mon employeur.

Au-delà du fond, la forme de nos vies professionnelles va être également largement remise en cause. Plusieurs métiers qui se succéderaient en fonction du jour de la semaine ou même de l'heure de la journée ? Des salariés qui sont aussi bénévoles et entrepreneurs ? Cet éparpillement pourrait être bénéfique s'il était mis au service de l'accomplissement des envies profondes de chacun, plutôt que d'être une manière de cumuler des boulots indigents pour réussir à avoir une situation à peu près stable et décente. La rémunération du temps de travail est donc un point clé que nous ne pouvons plus mettre sous le tapis. Là encore, les possibilités sont multiples : revalorisation des salaires en fonction de l'utilité, participation des salariés au capital des entreprises, salaire à vie, etc.

Plus de boulots, mais moins de travail. De grands changements vont chambouler nos agendas. Après l'Espagne, l'Islande ou la Nouvelle-Zélande, la Grande-Bretagne a récemment décidé d'expérimenter la semaine de quatre jours. En juin 2022, 3 000 employés de 60 entreprises britanniques ont travaillé quatre jours au lieu de cinq, sans perte de salaire. Contre toute attente, l'idée fait son chemin au Japon également, où l'exemple du géant de l'électronique Hitachi et de ses 15 000 employés incarne une relation nouvelle au travail. En France, des centaines d'entreprises ont spontanément franchi le pas, parmi lesquelles LDLC, spécialiste du commerce informatique et high-tech. Son président, Laurent de la Clergerie, constate une hausse de la productivité de ses salariés, tous passés à la semaine de quatre jours sans que leurs salaires soient remis en cause. Un autre atout non négligeable fera sans doute plier les plus réfractaires: l'organisation du travail sur quatre jours attire les talents à tel point que le dirigeant de LDLC avoue «crouler sous les CV». Et si cette démarche vous semble déjà ambitieuse, d'autres vont encore plus loin. C'est le cas de Céline Marty de Welcome to the Jungle, qui réclame «une loi pour passer aux 20 heures par semaine».

Enfin, pourquoi ne pas aussi normaliser le fait de faire des «pauses» salutaires tout au long de sa vie professionnelle? Sortir du rythme quotidien peut avoir de nombreuses vertus pour soi-même, son entreprise et la société. Que ce soit en partant en ONG grâce à une mission de Volontariat de Solidarité Internationale, en voyage au long cours avec sa famille en privilégiant les transports en commun et doux, ou en multipliant les expériences de Wwoofing pour approfondir son lien à la terre, ou encore en retournant sur les bancs de l'école pour développer de nouvelles compétences.

Vous l'aurez compris, je fais partie de ceux qui pensent que d'autres perspectives professionnelles nous attendent. Le XXIe siècle est un tournant et les crises qui s'accumulent (réchauffement climatique, pollution de l'air, pollution plastique, extinction de la biodiversité, pollution des sols, etc.) peuvent être une formidable opportunité pour renverser la vapeur. Pour le meilleur! Car reprendre notre place au sein du Vivant n'est pas synonyme de baisse de notre qualité de vie, de notre confort, de notre bonheur. C'est même tout le contraire.

La bataille de l'imaginaire ne fait que commencer! Ce livre est une porte ouverte vers de nouvelles croissances, une main tendue à toutes celles et ceux qui souhaitent contribuer activement à la construction de la société du Vivant, par le Vivant, pour le Vivant. Que vous soyez étudiant ou bien déjà en activité, une place, *votre place* vous attend. Vous avez peut-être déjà une idée en tête et ce livre viendra alors sans doute confirmer votre intuition, mais si ce n'est pas le cas, pas de panique! Vous trouverez dans les pages à venir de nombreux exemples qui pourraient susciter chez vous un intérêt et pourquoi pas, *in fine*, une vocation. C'est en tout cas le meilleur moyen pour ne plus jamais redouter qu'on vous pose la question: «Et toi, tu fais quoi dans la vie?»

Ce livre est une main tendue à toutes celles et ceux qui souhaitent contribuer activement à la construction de la société du Vivant, par le Vivant, pour le Vivant.

Les métiers pour faire mieux avec moins

Comment parler de métiers durables et solidaires sans commencer par évoquer notre système économique ? Capitaliste, extractiviste, thermo-industriel, libéral, mondialisé… Je vous laisse choisir l'adjectif qui vous convient le mieux pour le définir. Ce qui est sûr, c'est qu'à notre époque, plus aucun n'est connoté positivement. Et malgré des limites de plus en plus flagrantes, cette structuration économique reste notre boussole, notre objectif, notre cadre de pensée, notre grille de lecture.

Le nez collé sur le guidon de notre modernité, nous avons l'impression qu'il en a toujours été ainsi. Pourtant, cette manière d'être au monde a explosé à partir du XVIIIe siècle en Europe pour ensuite conquérir le reste du globe. À l'échelle de l'histoire de l'humanité, c'est une broutille : les traces les plus anciennes d'*homo sapiens* datent de 300 000 ans ! Et même si l'impact sur le reste du Vivant est désastreux, à son échelle temporelle (la vie est apparue sur Terre il y a plus de 3,5 milliards d'années), ce n'est même pas un battement de cils.

Pourtant, il est aujourd'hui communément admis que la planète est une étagère ouverte aux quatre vents, dont les ressources peuvent être extraites, utilisées, transformées, échangées, stockées, vendues, jetées, brûlées, etc. car c'est ainsi que va le monde. Et nous, les êtres humains, pour la plupart, avons été et sommes encore à la fois les organisateurs de ce pillage généralisé mais aussi ses commanditaires, ses agents et ses domestiques. Producteurs et consommateurs, nous avons le sentiment d'être piégés dans ce jeu qui dépasse largement l'échelle individuelle. Et quels que soient notre pouvoir, nos obligations, nos convictions, nos agissements, nous contribuons à ce système. En tant que « porte-monnaie sur pattes » usant de notre pouvoir d'achat dans les proportions permises par nos moyens, mais aussi au titre de « travailleurs » décideurs de ce pillage ou simples exécutants.

Quand je repense à ces heures de supplice passées en cours de Sciences économiques et sociales au lycée… Mon professeur faisait l'apologie de l'économie de marché sans aucune prise de hauteur. Se contentait-il de réciter son cours, fatigué par des années passées devant des classes fatalement désintéressées ? Ou y croyait-il vraiment, en ardent défenseur de l'École de Chicago qu'il était ? Ce qui est sûr, c'est qu'il m'a plusieurs fois soufflé dans les bronches dès que j'osais émettre la possibilité que l'intitulé de sa matière fût trop présomptueux, car je ne comprenais pas comment on pouvait dire que l'économie était une science au même rang que la physique ou la chimie. La théorie de la main invisible a quand même bien moins de panache que celle du Big Bang – sans parler du fait que les crises économiques qui se succèdent montrent à quel point la recherche des intérêts particuliers n'aboutit pas toujours à l'intérêt général, tant s'en faut.

Et pourtant, notre foi pour la « Sainte Croissance » semble inébranlable et nous jouons une partition qui semble orchestrée d'avance et dont la dernière note sonne le glas d'une existence viable sur terre et entonne la marche funèbre annonciatrice du basculement dans une « planète à visage inconnu »[1]. L'effondrement écologique et social est à notre porte et pourtant Geronimo, l'une des figures de la lutte pour la défense des droits des Amérindiens, nous alertait déjà il y a plus d'un siècle: « Quand le dernier arbre sera abattu, la dernière rivière empoisonnée, le dernier poisson pêché, alors vous découvrirez que l'argent ne se mange pas. »

Vous l'aurez compris, proposer des métiers durables et solidaires à l'ensemble de la population française (et mondiale) dans ce cadre est un défi, une utopie même, qui tient du chemin de croix. Si, aujourd'hui, quelques individus semblent tirer leur épingle du jeu et s'épanouir grâce à un métier stimulant dont l'impact fait sens, ils restent des électrons libres et peinent à fédérer des stratégies et des politiques, des projets de développement globaux efficaces qui soient de nature à renverser la donne. Ils ne jouent la plupart du temps qu'un rôle de rustine précaire, indépendamment des lueurs d'espoir qu'ils allument de manière plus poétique que déterminante pour l'avenir. Le problème est systémique, lié à un ensemble complexe d'interactions: le changement doit donc être systémique.

Le problème est systémique, lié à un ensemble complexe d'interactions: le changement doit donc être systémique.

1 | Expression utilisée par Isabelle Delannoy dans *L'Économie symbiotique*, Babel, 2017, p. 30. Coréalisatrice du film *Home*, annonciateur dès 2009 d'une réalité lourde, vu par plus de 800 millions de personnes.

THERE IS NO ALTERNATIVE, VRAIMENT ?

Nombreux sont les chercheurs, universitaires et experts en économie qui ont développé et trouvé des alternatives démontrant que l'heure est bel et bien au changement de modèle économique, et pour le meilleur !

Le modèle économique classique

Linéaire et destructeur !

une alternative qui tourne en rond mais qui ne rend pas fou

l'économie circulaire

Ce modèle repose sur la création de boucles de valeur positives à chaque utilisation ou réutilisation d'une matière ou d'un produit avant sa destruction finale. Il invite à une consommation sobre et responsable, adaptée au défi climatique.

l'économie du donut

Entre les limites extérieures (définies par les sciences naturelles) et intérieures (qui concernent la justice sociale) se dessine un donut au sein duquel se trouve l'espace sûr et juste pour l'humanité et dans lequel peut prospérer une économie inclusive et durable.

l'économie symbiotique

Elle s'appuie sur la symbiose entre l'intelligence humaine, la puissance des écosystèmes naturels et les outils technologiques. En arrivant au juste équilibre entre les trois, il devient possible de produire sans épuiser les ressources, mais aussi en les régénérant.

l'économie contributive

L'usager est ici potentiellement à la fois consommateur et producteur du service. La création de valeur est basée sur la contribution volontaire et s'inspire de modèle existant comme Wikipédia et les logiciels libres.

Et on aurait aussi pu parler de...

L'économie du don

ce modèle peut exister à une échelle réduite dans un contexte à taille humaine (un village, un club de sport, une famille, etc.). Il repose sur les sentiments de gratitude et de reconnaissance générés par sa pratique qui pousse l'individu à une contribution naturelle et désintéressée quotidienne pour participer aux équilibres collectifs.

L'économie sociale et solidaire

qu'on détaillera plus largement dans le prochain chapitre.

Maintenant qu'il n'est plus possible de dire qu'on ne savait pas, que fait-on ? Se lancer dans le combat politique pour proposer d'autres modèles et utiliser les leviers législatifs et budgétaires pour réorganiser notre société ? Bien sûr ! De nombreuses initiatives vont dans ce sens et j'ai d'ailleurs participé à cet élan ces dernières années (notamment à travers mon précédent ouvrage, *2030 Glorieuses, Utopies vivantes*, publié chez Actes Sud en 2022), mais force est de constater que les élections nationales récentes n'ont pas été à la hauteur des défis de notre siècle. Très peu de temps a été accordé aux sujets de fond et finalement ce sont les mêmes que l'on retrouve au pouvoir pour appliquer de vieilles recettes (éculées) et tenter de tenir de sempiternelles promesses (inatteignables). Et si nous ne devons pas abandonner sur ce front, l'envie d'efficacité sur le court terme nous pousse à considérer d'autres leviers qui semblent être plus accessibles.

En regardant du côté des acteurs économiques, on note une prise de conscience de plus en plus affirmée et une volonté d'action qui va au-delà du *greenwashing*. Les exemples sont autant de signaux faibles de cet intérêt grandissant : explosion de la certification auprès des labels engagés (comme le label B Corp, 1 % pour la planète, Lucie, etc.), émergence du mouvement Impact France (aujourd'hui le premier rassemblement d'entrepreneurs sociaux en France, et dont l'ambition est de devenir un grand mouvement citoyen pour l'entrepreneuriat social) ou encore vraie montée en puissance de l'ESS (économie sociale et solidaire) en France, qui représente 200 000 entreprises et 10 % du PIB.

DES ENTREPRISES SOUHAITENT JOUER LE JEU DE LA SOBRIÉTÉ

Quatre-vingt-quatre dirigeants d'entreprises français plaident pour faire de la sobriété un choix collectif. Voici un extrait de leur tribune, publiée sur le site de Mouvement Impact France :

« Passer d'une "sobriété d'urgence" à une "sobriété organisée". Tel est l'enjeu auquel nous, dirigeants d'entreprises, avons décidé de collectivement faire face. Pendant longtemps ce mot fut un repoussoir pour de nombreux patrons, aux antipodes de leurs cultures, de leurs enjeux, de leurs préoccupations. Cependant, nous sommes aujourd'hui plus que jamais convaincus que la sobriété n'est pas synonyme de pénurie, de repli ou de déclin, mais qu'elle est la réponse à l'équation la plus cruciale de notre temps qui devrait aujourd'hui être au cœur de toute réflexion politique : comment répondre aux besoins de chacun dans un monde aux limites planétaires dépassées et au consumérisme débridé ?

Nous pensons que nos organisations peuvent jouer un rôle essentiel dans cette transformation. Car envisager la sobriété uniquement à l'échelle individuelle et à l'aune de la réduction du chauffage ou de la climatisation ne suffira pas. Nous pensons que la sobriété suppose un réel changement de paradigme, mis en lumière dans le dernier rapport du GIEC : *Avoid-shift-improve* ("éviter-changer-améliorer").

Notre pied est dans la porte, il s'agit donc de pousser de toutes nos forces. Notre participation au monde dans la sphère privée se fait de plus en plus engagée et altruiste, nos métiers ne demandent qu'à suivre la même dynamique. Nous pouvons participer en refusant de contribuer à cet ancien monde qui résiste désespérément afin de dédier notre énergie à l'émergence de nouveaux modèles économiques. En ajoutant nos forces aux organisations et aux entreprises qui bifurquent, nous faisons d'une pierre deux coups : le capitalisme perd des candidats au travail de destruction, tandis que les entreprises écologiquement et socialement innovantes recrutent et font la preuve de leur pertinence. Le système économique actuel se vide de sa substance et chaque jour qui passe révèle son obsolescence. Laissant le mirage de la croissance économique derrière nous une bonne fois pour toutes, d'autres croissances nous tendent les bras comme celles de la créativité, de l'inventivité, de l'esprit d'initiative. Il va falloir les stimuler pour que notre économie devienne pérenne et que son flux linéaire soit remplacé par un flux circulaire, voire régénérateur. Voilà une première piste vers laquelle capitaliser notre énergie pour identifier et développer des filières porteuses de métiers désirés et désirables. Réduire la voilure, assumer la contrainte, ne plus rien perdre, ne plus rien gâcher pour redonner de la valeur à toutes choses.

Faire moins bien sûr, mais pour faire mieux surtout ! C'est le message porté par les ambassadeurs du *low-tech* (mot forgé par antonymie avec *high-tech*) qui, loin de refuser l'innovation, souhaitent qu'elle soit réellement durable, orientée vers une civilisation techniquement soutenable à long terme. Prenant en compte, dès la conception, les contraintes sur les ressources, les *low-tech* sont des technologies sobres, agiles et résilientes qui remettent au passage en question les impacts de l'innovation, que ce soit au niveau organisationnel, social, culturel, commercial, etc. La démarche *low-tech* apparaît comme un fantastique accélérateur d'une nouvelle ère, fondée sur une technique réellement et concrètement au service de l'être humain. Et la bonne nouvelle, c'est que cette démarche inspire toute une filière professionnelle qui porte avec elle un nombre grandissant de métiers enthousiasmants et accessibles.

Jules Coignard

cofondateur de Circul'R, le premier réseau mondial des start-up de l'économie circulaire pour accélérer la transition d'une économie linéaire (« prendre-consommer-jeter ») à une économie circulaire, respectueuse de l'homme et de la planète

Pourquoi notre modèle économique est-il à bout de souffle ?

Je suis originaire de la côte basque, où la problématique des déchets marins est très présente. En en discutant avec des experts, j'ai compris qu'une fois que le déchet est dans l'eau, c'est trop tard ! Or, en remontant la problématique, je me suis rendu compte qu'on produit de plus en plus de déchets et que 91 % des choses qu'on fabrique sont faites de manière linéaire, c'est-à-dire qu'elles termineront enfouies, incinérées ou dans la nature. En amont, on a l'utilisation aberrante et très peu intelligente des matières naturelles qu'on pensait inépuisables, alors que ce n'est pas le cas. Pendant notre tour du monde de l'économie circulaire, nous avons rencontré avec Raphaël (l'autre cofondateur de Circul'R) de nombreux entrepreneurs, et deux constats m'ont marqué. Le premier est que le déchet est « une ressource au mauvais endroit » ; le second, que le déchet est « une erreur de design ». Finalement, c'est à nous de repenser la manière de produire pour faire en sorte que le déchet redevienne une aberration, comme il l'a toujours été dans la nature.

Pourquoi le modèle de l'économie circulaire n'est-il pas une simple « rustine » mais bien un changement radical de paradigme ?

Je suis convaincu que passer à l'économie circulaire est un changement radical. Le Vivant a déjà imaginé un modèle sans déchet et si c'était un modèle économique ce serait le plus parfait, le plus optimisé, celui qui pourrait fonctionner pendant des millions d'années.

On a besoin de changer de modèle pour tout un tas de raisons, au premier rang desquelles le dérèglement climatique, bien sûr. Une étude récente montre que pour rester sous le seuil de 1,5 °C d'augmentation, 55 % des efforts seront réalisés au niveau énergétique et les 45 % restants seront à la charge de l'économie circulaire, qui est un magnifique levier pour permettre d'exister dans un monde vivable. Cela implique un vrai changement de modèle.

C'est vrai que certaines entreprises se contentent des boucles les plus longues de l'économie circulaire (recycler ses déchets plutôt que de les brûler), mais c'est anecdotique. L'entreprise de 2030 n'aura plus rien à voir avec l'entreprise d'aujourd'hui car elle aura mis au cœur de son modèle des projets intégrant la circularité en changeant sa manière de faire du design, de faire des achats, de faire du marketing, de produire, etc.

BOUCLES COURTES, BOUCLES LONGUES ?

Dès qu'on parle d'économie circulaire, on évoque deux types de boucles : la boucle biologique, et donc tout ce qui peut être redonné à la terre, et les boucles techniques, qui concernent les matières transformées que l'on ne peut pas rendre à la terre directement (comme l'aluminium, le plastique ou encore le ciment). Les boucles courtes et boucles longues concernent cette dernière catégorie. La boucle courte, qui implique la maintenance, la réparation ou le re-manufacturing, est à privilégier ; la boucle longue concerne plutôt le recyclage qui nécessite d'utiliser de l'eau, de l'énergie, etc. afin de réutiliser la matière qui sera dégradée. C'est l'option à utiliser en dernier recours. Le but ultime de la circularité, c'est de tendre vers les boucles courtes qui gardent la valeur environnementale et économique du produit tout en permettant de créer davantage d'emplois.

Pourquoi les principes de circularité que tu défends sont-ils en réalité directement inspirés de ce qui se fait dans tous les écosystèmes autour de nous ?

Tout est question d'équilibre. La nature, quand l'être humain la laisse tranquille, a trouvé cet équilibre. C'est aujourd'hui notre enjeu : créer une société capable de fonctionner sur le très long terme de manière viable ! Le Vivant est extraordinaire et on doit s'en inspirer.

Nous devons changer notre relation à la croissance, même si nous en avons besoin, car les déséquilibres de notre société actuelle impliquent la recherche d'une croissance de l'impact positif, des échanges sociaux, etc. Le mot croissance est tellement associé au PIB et à la création de valeur économique que cela en devient problématique. Il faut l'aborder différemment et développer d'autres concepts, comme la sobriété.

Pourquoi l'économie circulaire est-elle aussi une bonne nouvelle pour les emplois ?

J'ai quelques chiffres à ce sujet. Le ministère de la Transition écologique dit que le modèle circulaire permettrait la création de 300 000 emplois, et une étude montre que, pour 10 000 tonnes de déchets :

- on crée un emploi si on les enfouit ;
- on crée trois emplois si on les incinère ;
- on crée 31 emplois si on les recycle ;
- on crée 550 emplois si on les réemploie (s'ils sont lavés, réparés et remis sur le marché).

Évidemment, laisser les produits le plus longtemps possible sur le marché permet de créer des emplois, locaux de surcroît, et qui seront porteurs de sens car ils auront été créés dans l'objectif d'avoir un impact positif pour les êtres humains et pour la planète.

Les métiers en 2030 Glorieuses selon Jules !

Nous allons devoir repenser la manière dont nous faisons notre métier. Et même les métiers existants, qui peuvent sembler inutiles aujourd'hui, seront pertinents en 2030 Glorieuses – à condition qu'ils soient mis au service de quelque chose de complètement différent, en prenant en compte les principes de circularité.

Beaucoup de métiers qui existent depuis longtemps vont aussi devoir être remis au goût du jour. L'économie circulaire ne peut pas être réservée à certains métiers seulement. Comptable, agriculteur, serrurier, architecte, peu importe : les principes de la circularité peuvent y être appliqués, si bien que 100 % des métiers des 2030 Glorieuses seront circulaires.

Tout le monde y trouvera du sens et cette possibilité d'être heureux en faisant son métier passera forcément par le fait d'avoir un impact positif au niveau social et/ou écologique.

Pour donner quelques exemples, le métier d'upcycleur sera amené à se développer, comme c'est déjà le cas avec la start-up Maximum qui utilise des déchets d'Airbus pour fabriquer des étagères. Les fondateurs de Maximum ont aussi créé une déchethèque, avec quelqu'un dont la mission est d'identifier tous les déchets récurrents produits en série chez les industriels, de les référencer, puis de faire appel à la créativité de l'équipe pour faire de ces déchets des objets.

Le métier de « responsable de zéro déchet de la ville » existe au Japon, à Kamikatsu, une ville où les déchets sont triés en 45 catégories différentes. C'est un métier utile pour 100 % des villes dans le monde et qui demande de réfléchir aux catégories de tri à créer, comment bien expliquer aux citoyens comment cela marche et à quoi cela sert. En France, beaucoup de métiers seront créés également grâce à la consigne et au réemploi avec des besoins en termes de lavage, de logistique, qui seront amenés à se développer dans les années à venir.

Quelles ressources recommandes-tu pour continuer à creuser ce sujet passionnant ?

- Une formation sur la circularité disponible en ligne, intitulée « L'Odyssée circulaire » : circulr.fr.

- Un MOOC réalisé avec Phenix intitulé « Entreprendre dans l'économie circulaire ».

DES RESSOURCES LIMITÉES AUX RESSOURCES ABONDANTES

Les ressources centrales de notre économie dont la raréfaction s'accélère :

15 milliards de tonnes de sable extraites par an

sable

75 millions de tonnes de sables marins extraits chaque année

75 % à 90 % des plages reculent dans le monde

60 % de la production mondiale de ciment est consommée par la Chine du fait de son développement

25 îles indonésiennes ont déjà disparu

8 à 10% de l'énergie dans le monde servirait à raffiner les métaux

métaux rares

Il resterait environ 15 ans de réserve pour le platine, 5 à 10 ans pour l'indium, 20 à 30 ans pour le zinc, 15 à 20 ans pour l'argent, 10 ans pour le hafnium (utilisé dans le nucléaire et les électrodes)

L'eau utilisée pour le nettoyage devient beaucoup plus acide

énergies fossiles

Les réserves mondiales de combustibles fossiles contiennent l'équivalent de 3 500 milliards de tonnes de gaz à effet de serre

Selon les estimations du Conseil mondial de l'énergie, il resterait :

Charbon :	Gaz naturel :	Pétrole :
environ 230 ans de réserve	environ 70 ans de réserve	environ 40 ans de réserve

Les ressources qui pourraient alimenter l'économie circulaire de demain :

déchets électroniques

74 millions de tonnes pourrait être atteint en 2030 si rien ne change

En France, un foyer possède en moyenne 99 appareils ! Et seuls 38 % les font réparer lorsqu'ils tombent en panne

L'humanité a produit 53,6 millions de tonnes de déchets électroniques en 2019 et seulement 9,3 millions sont collectées et recyclées, soit 17,4 %

plastique

Au cours de l'année 2019, 109 millions de tonnes se sont propagées dans les lacs et les rivières et 30 millions de tonnes dans les océans

Avec 450 millions de tonnes aujourd'hui, la production mondiale de plastique a connu une croissance exponentielle entre 1950 et 2021

Les estimations sur la durée de vie du plastique vont de 450 ans à l'infini

Depuis 2015, moins de 10 % du plastique produit a été recyclé

vêtements

100 milliards de vêtements sont vendus chaque année dans le monde

Seulement 1 vêtement sur 10 est revendu

En Europe, on se débarrasse chaque année de 4 millions de tonnes de textiles dont 80 % finissent enfouis ou incinérés

+ et notre créativité

Je suis…

ARTISAN UPCYCLEUR

Hubert Motte, fondateur de La vie est Belt à Roubaix

J'aime la diversité de mon quotidien, le fait d'apprendre et de vivre chaque jour de nouvelles choses.

MON MÉTIER

Je confectionne et vends des articles à partir de produits que je recycle : des ceintures en pneu de vélo ou en corde d'escalade, des caleçons upcyclés à partir de drap, etc.

MA SEMAINE TYPE

Aucune semaine ne ressemble à une autre mais si je devais essayer de montrer à quoi ressemble mon planning de la semaine, je dirais que le lundi, pour commencer, je file à l'atelier pour tester de nouvelles machines et techniques de fabrication. Aujourd'hui, l'équipe travaille au prototypage de colliers de chiens avec des chutes de ceintures, notre produit de lancement. Dans la foulée, j'ai un rendez-vous avec la responsable d'atelier qui permet de discuter des sujets en cours et de la préparation d'une commande importante.

En milieu de semaine, je consacre une journée à la création de futurs produits et à une collecte de draps au centre du relais. De retour au bureau, je me lance dans l'écriture d'un article pour le blog encore en chantier. Sans oublier ma *to-do list* avec la rédaction d'un dossier pour un concours d'économie circulaire.

En fin de semaine, à l'occasion d'un salon de la mode éthique à Paris, je fais une intervention et rencontre des représentants d'entreprises, potentiellement de futurs partenaires.

MON PARCOURS

→ Études d'ingénieur en alternance à l'Icam.

→ En parallèle, mission de trois ans chez Decathlon, en conception produits.

→ Stage de fin de cursus en Colombie.

→ Idée phare à mon retour : je me suis penché sur la fabrication d'une ceinture à partir de la bande de roulement d'un pneu de vélo.

→ Couronnement : sélection par La Fabrique Aviva de mon projet, doté d'une aide financière de 4 000 euros.

LES QUALITÉS NÉCESSAIRES

Être autonome, avoir un bon contact humain. Et puis, forcément, s'y connaître en techniques de production. Enfin, jouer le jeu de la communication ; cela facilite pas mal les débouchés.

L'*upcycling*, c'est quoi ?

Upcycling signifie littéralement « recycler par le haut ». On utilise parfois des termes français, comme « surcyclage » ou « upcyclage ». L'*upcycling* permet de créer du neuf avec du vieux, sans pour autant transformer ou déconstruire la matière première que l'on utilise. Concrètement, on récupère toutes sortes de matériaux qui ne servent plus pour créer des objets ou produits de qualité supérieure.

MA CONTRIBUTION AUX 2030 GLORIEUSES

Avec La vie est Belt, grâce à notre succès, et notamment à la vente de nos 35000 ceintures, nous avons permis la revalorisation de plus de 11 tonnes de caoutchouc (pneus de vélos et de voitures), deux tonnes de coton (draps) et 34 kg de corde, tout en participant à la création de dix emplois dans le nord de la France.

LES STRUCTURES QUI M'ONT AIDÉ À DÉVELOPPER MON PROJET

→ J'ai été sélectionné pour rejoindre le programme de Ticket for Change, une association qui accompagne les entrepreneurs à impact.

→ Nous avons aussi fait notre première campagne de financement participatif sur KissKissBankBank pour nous acheter une machine à coudre industrielle afin de développer de nouveaux produits.

POURQUOI CE MÉTIER EST-IL SOURCE DE BONHEUR ?

Au quotidien, j'adore la diversité des missions et des journées, les diverses responsabilités, les défis à relever. À une échelle plus globale, je suis fier d'avoir un véritable impact au niveau écologique et humain. Je sais que j'ai la possibilité de changer les choses, même à très grande échelle.

En chiffres

>> L'économie circulaire emploie actuellement près de 600 000 personnes.

>> L'économie circulaire est un secteur très prometteur ; rien que pour la région Hauts-de-France, l'Ademe prévoit la création de 30 000 emplois dans cette filière d'ici à 2030.

>> Salaire mensuel : 2 000 euros par mois au bout de trois ans d'activité.

En bonus

Retrouvez l'interview d'Hubert dans le podcast 2030 Glorieuses

www.lienmini.fr/62639-00

Je suis… COLLECTRICE DE CARTONS À VÉLO

Odile Rosset, directrice de Carton Plein à Paris

La cyclo-logistique va forcément exploser dans les années à venir.

MON MÉTIER

Avec mon vélo, je suis un maillon d'une filière zéro déchet : je récupère les matériaux là où ils sont pour les emporter dans des ateliers où ils seront triés, réemployés, transformés.

MA JOURNÉE TYPE

La journée classique commence par un briefing avec toute l'équipe : séance d'échauffement, point sur les demandes, dispatching des missions. Le matériel est ensuite préparé et je pars en mission. En fonction des tournées, il m'arrive de revenir à l'atelier pour un déjeuner collectif. Certaines demi-journées sont consacrées à l'entretien et à la réparation des vélos, d'autres sont l'occasion d'être en immersion dans les ateliers de transformation pour comprendre et vivre la suite de la filière. Le reste de la semaine, je livre à vélo au domicile des clients les produits transformés dans les ateliers et commandés *via* la boutique en ligne.

COMMENT FAIRE POUR TRAVAILLER DANS CE SECTEUR ?

En sachant pédaler, avec une condition physique correcte et de la motivation tout le monde peut rejoindre une équipe comme la nôtre !

LES QUALITÉS NÉCESSAIRES

Il faut aimer faire du vélo et passer du temps en extérieur ! Il y a aussi de nombreuses interactions avec les clients, donc avoir une bonne qualité d'échange est un gros plus.

Le vélo pour les professionnels, ça marche ?

De plus en plus d'entreprises (associations, coopératives…) de l'ESS sont engagées à 100 % dans la cyclo-logistique, c'est-à-dire la logistique à vélo. Des grandes entreprises de logistiques développent à leur tour une partie de leur flotte à vélo. Les chiffres sont éloquents : encore inexistant en 2015, le marché du vélo cargo comptait 3 000 unités en 2019 et plus de 11 000 en 2020. Pratique pour éviter les bouchons, écologique et silencieux, facile à garer, moins onéreux qu'un véhicule et objet-étendard pour assurer sa promotion… Autant d'atouts qui séduisent les professionnels de nos jours.

→apprendre←

MA CONTRIBUTION AUX 2030 GLORIEUSES

Avec Carton Plein, nous prenons notre part en démocratisant un mode de déplacement plus doux, y compris pour les objets lourds, tout en luttant contre l'obsolescence et les montagnes de déchets. C'est aussi une démarche solidaire qui participe à la création d'emplois adaptés à un grand nombre de personnes, quels que soient leurs parcours de vie. Ce secteur est très dynamique. Le vélo est en plein boom, le e-commerce aussi. La cyclo-logistique va forcément exploser dans les années à venir... L'enjeu consiste à faire en sorte que cela se fasse dans de bonnes conditions de travail. Les pouvoirs publics ont un rôle à jouer là-dedans, comme les consommateurs qui doivent être sensibilisés au juste prix de la livraison et du coût de retraitement des matériaux dont ils se débarrassent.

LES STRUCTURES ET AIDES PRINCIPALES DANS LE MILIEU

→ L'association Les Boîtes à Vélo France encourage et soutient l'entrepreneuriat à vélo en France et travaille avec l'ensemble des partenaires à la rédaction d'un manifeste de la cyclo-logistique.

→ CoopCycle est une fédération de coopératives de livraison à vélo.

→ Avec Ma Cycloentreprise, l'Adie encourage et finance la formation des entrepreneurs pour lancer leur business à vélo.

POURQUOI CE MÉTIER EST-IL SOURCE DE BONHEUR ?

L'une des qualités de ce métier est qu'il permet de passer beaucoup de temps dehors, à faire du vélo. On voit la ville, on est en forme. On peut aussi rencontrer plein de gens, échanger autour d'une pratique qui est en train de se développer et qui attise la curiosité.

Et puis c'est un métier qui permet de toucher à beaucoup de choses, c'est-à-dire à la fois participer au collectif sur les tâches transversales (dispatching, mécanique, relations clients...) mais aussi être testé sur sa capacité à assumer ses propres responsabilités sur sa tournée (circuit, livraison, collecte, satisfaction client). C'est un métier très complet.

En chiffres

>> Un rapport parlementaire indique que le développement de la filière vélo pourrait créer 100 000 emplois d'ici à 2050.

>> En 2021, 2,7 millions de vélos neufs se sont vendus en France, contre 1,8 million de trottinettes électriques et 1,65 million de voitures.

>> Salaire mensuel autour du SMIC.

En bonus

Retrouvez l'interview d'Odile dans le podcast 2030 Glorieuses

www.lienmini.fr/62639-02

Je suis CRÉATRICE DE PRODUITS COSMÉTIQUES NATURELS

Célia Favre,
cofondatrice
d'Umaï à Paris

La nature est bien plus efficace que n'importe quel laboratoire.

MON MÉTIER

J'imagine et développe des produits pour prendre soin de soi de manière écologique et durable.

MA SEMAINE TYPE

En tant que cofondatrice d'une jeune entreprise de soins naturels et engagés comme Umaï, je cherche à réduire au minimum l'empreinte écologique des produits (emballages, ingrédients) tout en favorisant un usage sain et agréable. Je fais donc souvent des allers-retours avec mes associées chimistes qui formulent nos futurs produits. J'imagine également notre communication engagée (newsletter, réseaux sociaux...)

MON PARCOURS

Pour ma part j'ai suivi une formation en classe préparatoire aux grandes écoles de commerces (ECS) et suis également diplômée d'une école de commerce. Mais il est tout à fait possible de suivre un cursus en management/entreprenariat à la fac. La partie technique de conception des produits cosmétiques est bien évidemment laissée aux ingénieurs spécialistes.

LES QUALITÉS NÉCESSAIRES

Il faut être avant tout passionné pour ne jamais être tenté d'abandonner, même si le chemin est difficile et semé d'embûches. Quand on sait pourquoi on fait ce qu'on fait, cela n'a pas de prix. Il ne faut pas avoir peur de penser en dehors des schémas classiques pour réinventer de nouvelles façons de faire, donc être résolument créatif. Mais il est nécessaire aussi d'avoir les pieds sur terre et être très adaptable, car dans une jeune entreprise, les choses se font et se défont très vite: il faut souvent trouver des solutions rapidement, savoir réagir, et saisir les opportunités quand elles se présentent.

POURQUOI CE MÉTIER EST-IL SOURCE DE BONHEUR ?

J'ai l'impression d'avoir un impact: à chaque fois que l'on discute avec des citoyens, nos clients, nos distributeurs ou même nos fournisseurs, nous remettons en question les façons de faire actuelles et essayons d'imaginer de meilleures solutions pour demain. Et quand cela se met en place, je suis la plus heureuse.

La France, leader mondial des cosmétiques

La cosmétique française est réputée partout dans le monde et la moitié de sa production est dédiée à l'exportation. Pourtant, cette influence extraordinaire est majoritairement utilisée pour propager des valeurs à l'opposé des enjeux de notre siècle : produits chimiques largement présents dans les compositions, marketing à outrance, emballages et flacons en surpoids, etc. Pour inverser la tendance, les marques engagées se font de plus en plus pressantes et affirmées : c'est le cas d'Umaï, bien sûr, mais aussi de Lamazuna ou encore de Cozie.

→apprendre←

MA CONTRIBUTION AUX 2030 GLORIEUSES

Les produits que nous développons et les informations que nous essayons de véhiculer sont essentiels au monde de demain. Aujourd'hui, il est urgent de limiter au minimum l'utilisation des matériaux non biodégradables et non renouvelables, comme le plastique, pour se tourner en priorité vers des matières premières naturelles et locales. Et par-dessus tout, il est important de redonner du pouvoir aux citoyens en leur offrant les moyens de prendre les bonnes décisions en connaissance de cause. Pour cela il n'y a pas de secret : les entreprises doivent être toujours plus transparentes et pédagogues dans le souci de transmettre ce qu'elles apprennent au quotidien en tant qu'expertes.

LES STRUCTURES QUI M'ONT AIDÉE À DÉVELOPPER MON PROJET

Au quotidien chez Umaï, nous nous appuyons beaucoup sur les médias engagés et les leaders d'opinion, qui nous aident à diffuser notre message et à engager les citoyens sur des problématiques spécifiques, mais aussi sur les associations aux côtés desquelles nous pouvons agir directement sur le terrain (Surfriders, Fondation de la mer, etc.).

Nos partenaires industriels nous accompagnent également dans le développement de nos projets engagés : je pense à l'entreprise SASminimum avec qui nous développons, main dans la main, nos porte-savons Le Pavé.

En chiffres

>> Chiffre d'affaires annuel de l'industrie cosmétique en France : 19,4 milliards d'euros.

>> Chaque jour, 300 000 crèmes pour le visage sont vendues en France, et quatre tonnes de crèmes sont jetées.

>> Salaire mensuel : très variable pour une toute jeune entreprise.

En bonus

Retrouvez l'interview de Célia dans le podcast 2030 Glorieuses

www.lienmini.fr/62639-03

Je suis...

PRODUCTEUR D'ÉNERGIES RENOUVE-LABLES CITOYENNES

Bertrand Rodriguez, directeur de CatEnR à Perpignan

Les énergies renouvelables, ce sont aussi des emplois partout en France.

MON MÉTIER

Je suis producteur d'énergies renouvelables citoyennes chez CatEnR, une coopérative de production d'énergies d'origine renouvelable, issue d'investissements citoyens, dans les Pyrénées-Orientales.

MA SEMAINE TYPE

Je suis chargé de suivre nos installations (majoritairement des projets de toitures solaires) de A à Z. Selon leur avancement, nous réalisons la conception, puis supervisons la construction et l'exploitation. J'enchaîne donc entre ces différentes étapes tout au long de l'année. Je passe beaucoup de temps sur le terrain et avec les parties prenantes. Pour chacune de ces étapes, nous convions nos sociétaires, nos partenaires et mobilisons les habitants et les acteurs du territoire le plus largement possible *via* des outils de conception collaborative, d'investissement participatif et de valorisation de nos installations existantes. Ce sont des processus passionnants mais qui demandent un suivi de tous les instants.

COMMENT FAIRE POUR TRAVAILLER DANS CE SECTEUR ?

Personnellement, j'ai suivi des études d'ingénieur avec un focus sur les énergies renouvelables. Mais on peut aussi intégrer cette filière en ayant suivi un cursus dans l'économie sociale et solidaire.

LES QUALITÉS NÉCESSAIRES

Il faut être doté d'un bon sens relationnel pour créer une bonne synergie entre toutes les parties prenantes et être quelqu'un de rigoureux et d'organisé pour suivre un projet complexe de bout en bout et le mener à bien dans les temps.

→apprendre←

Les énergies renouvelables en France, une vraie solution ?

L'association NégaWatt a été créée en 2001 par plusieurs experts et praticiens de l'énergie souhaitant promouvoir en France un système énergétique plus soutenable. Dans son « Scénario 2017-2050 » elle avance que la consommation française pourrait être couverte à 100 % par des énergies renouvelables en 2050.

MA CONTRIBUTION AUX 2030 GLORIEUSES

80 % des émissions de gaz à effet de serre (GES) mondiales proviennent de la production d'énergie et provoquent les dérèglements climatiques que nous subissons déjà. À l'échelle du département des Pyrénées-Orientales, nous produisons 20 % de l'énergie que nous consommons malgré les ressources colossales en vent, en soleil, en fleuves, en bois... Cela représente un déficit de 700 millions d'euros par an. Il y a donc du travail, mais c'est aussi une formidable opportunité puisque la transition énergétique visant un bouquet 100 % énergie d'origine renouvelable d'ici à 2050 appliqué au département des Pyrénées-Orientales permettrait la création de 6 000 emplois.

LES STRUCTURES QUI M'ONT AIDÉ À DÉVELOPPER MON PROJET

→ Énergie partagée est le mouvement qui fédère, accompagne et finance les projets citoyens de production d'énergie 100 % renouvelable en France. Plus de 30 000 citoyennes et citoyens soutiennent ces projets grâce à leurs investissements et à leur épargne.

→ Créé en 2005, Enercoop est pionnier de la fourniture d'électricité verte. Depuis, le réseau Enercoop s'est déployé sur tout le territoire pour rapprocher les producteurs des consommateurs. Il est un allié primordial pour que CatEnR puisse mener à bien ses projets.

POURQUOI CE MÉTIER EST-IL SOURCE DE BONHEUR ?

Cette activité est porteuse de sens car elle est une réponse directe et efficace à l'enjeu des émissions de CO_2 qui doivent être réduites drastiquement sans tarder. Au-delà de cela, cette activité, dans son organisation même, fait du collectif une vraie force (que ce soit avec les citoyens, les partenaires publics, les ingénieurs, etc.). C'est pour moi une vraie fierté et un plaisir quotidien.

En chiffres

>> La France importe 98,5 % de son pétrole, 98 % de son gaz naturel, 100 % de son charbon et 100 % de son uranium.

>> Plus de 280 projets citoyens d'énergies renouvelables ont vu le jour sur le territoire grâce à Énergie partagée.

>> Salaire mensuel : 1 800 euros par mois.

En bonus

Retrouvez l'interview de Bertrand dans le podcast 2030 Glorieuses

www.lienmini.fr/62639-05

Je suis...

DIRECTRICE D'UNE RESSOURCERIE

Séverine Bellec,
directrice
de la Collecterie
à Montreuil

Bientôt, les gens iront d'abord dans une ressourcerie plutôt que d'acheter du neuf.

MON MÉTIER

Au sein de la Collecterie, notre travail est de collecter des objets du quotidien usagés (textile, livres, mobilier, jouets...) pour leur permettre d'être réutilisés.

MA SEMAINE TYPE

Lundi: l'équipe est réduite car la boutique est fermée, ce qui me laisse le temps de me pencher sur les tâches administratives.

Mardi, jeudi et vendredi: il y a encore une partie d'organisation administrative (trésorerie, planning, etc.) mais aussi l'encadrement des ateliers d'upcycling des objets, sans oublier les traditionnelles réunions d'équipes et tous les projets en cours avec les partenaires de la ressourcerie.

Mercredi et samedi: Ce sont des grosses journées car nous recevons beaucoup d'objets. Ils sont triés par catégories et pesés avant d'être redirigés soit vers les ateliers (tapisserie, couture, menuiserie), vers la boutique, vers des partenaires du territoire ou vers le recyclage, soit à la poubelle tout-venant. Du coup, je donne souvent un coup de main: j'aime être au tri, cela me change de la lourdeur administrative.

COMMENT FAIRE POUR TRAVAILLER DANS CE SECTEUR ?

Il n'y a pas besoin d'études particulières: tout le monde peut rejoindre l'équipe d'une ressourcerie!

LES QUALITÉS NÉCESSAIRES

De la bienveillance, bien sûr, savoir s'organiser aussi pour gérer la montagne d'objets qu'on reçoit quotidiennement, mais surtout... avoir un dos en béton!

MA CONTRIBUTION AUX 2030 GLORIEUSES

Bien sûr, j'ai un impact direct sur la réduction des déchets, mais aussi sur la possibilité d'allonger la durée de vie de nos objets en les réparant ou en les détournant, notamment à travers des ateliers de sensibilisation que nous organisons dans nos locaux ou chez des partenaires. C'est un vrai changement de mentalité.

Et puis, cette dynamique permet aussi de créer des emplois et cela, ce n'est pas rien. D'autant plus qu'une partie de notre mission consiste à accompagner des personnes éloignées de l'emploi à travers des chantiers d'insertion : un premier pas vers un métier stable ou une formation.

→apprendre←

Des ressourceries depuis bientôt quarante ans

Ouverte en 1984, la Bergerette, à Beauvais, est souvent considérée comme la première recyclerie de France. Elle a depuis été largement copiée. Aujourd'hui, de plus en plus de Français se posent la question de l'impact de leurs achats et évitent même d'acheter des produits neufs, accompagnés notamment par des initiatives comme le défi « Rien de Neuf » lancé par l'association Zéro Waste France en 2018 et renouvelé chaque année depuis.

LES STRUCTURES ET AIDES PRINCIPALES DANS LE MILIEU

Les collectivités, mais aussi l'Ademe et les régions, jouent un rôle crucial dans le déploiement et le développement des projets de recycleries. Elles proposent à la fois des accompagnements techniques et financiers mais peuvent également participer aux études de faisabilité, mettre un espace ou un local à disposition, ou même aider à la constitution de réseaux locaux de réemploi et de ressourceries.

POURQUOI CE MÉTIER EST-IL SOURCE DE BONHEUR ?

On transmet chaque jour aux habitants des savoir-faire qui montrent que le destin des objets anciens ou abîmés n'est pas forcément de terminer à la poubelle. La créativité est au cœur de notre activité avec beaucoup de customisation d'objets : on fait des assises de chaises avec des cravates, des poufs avec des pneus, etc. Et puis la ressourcerie est un lien de rencontres où de nombreux bénévoles peuvent apporter leurs talents, leur envie et sortir un peu de leur quotidien. C'est un apprentissage permanent.

En chiffres

>> On compte plus de 2 400 ressourceries/recycleries en France, réparties partout sur le territoire.

>> En cinq ans, le Label Emmaüs, la ressourcerie digitale d'Emmaüs a permis de remployer plus de 850 000 produits.

>> Salaire mensuel : autour du SMIC avec des possibilités d'augmentation en fonction de la responsabilité.

En bonus

Retrouvez l'interview de Séverine dans le podcast 2030 Glorieuses

www.lienmini.fr/62639-04

Je suis…

EXPERTE EN RÉEMPLOI DANS LA CONSTRUCTION

Joanne Boachon, directrice-fondatrice de Minéka à Villeurbanne

Cela fait mal au cœur de voir qu'on jette autant de choses dans le BTP.

MON MÉTIER

Je suis experte en réemploi, c'est-à-dire que j'œuvre pour que des matériaux du BTP encore utilisables puissent être détournés de la benne pour être réemployés auprès de particuliers ou de professionnels.

MA JOURNÉE TYPE

Minéka a été créé dans un secteur naissant et il y avait tout à faire. En tant que directrice, je dirige la gestion de l'association mais aussi de la collecte et de la redistribution des matériaux.

Mon agenda est bien rempli avec beaucoup de visites de chantiers, de diagnostics ressources, de temps de recherche sur les matériaux, puis des réunions et des échanges de mails avec les partenaires. Une partie de mon temps est aussi consacrée au pôle conseil de notre activité auprès des maîtrises d'œuvre et des maîtrises d'ouvrage (ceux qui construisent et ceux qui font construire), dont l'objectif est de les assister dans leur démarche d'économie circulaire pour que leurs chantiers génèrent le moins de déchets possible.

COMMENT FAIRE POUR TRAVAILLER DANS CE SECTEUR ?

Avoir une formation ou une expérience dans la construction est obligatoire pour posséder une bonne connaissance des matériaux de construction et du secteur.

LES QUALITÉS NÉCESSAIRES

De l'autonomie et beaucoup de rigueur et d'organisation, car nous avons affaire à beaucoup de partenaires mais aussi beaucoup de matériel à traiter, classer et valoriser. Enfin, il faut de la créativité pour imaginer la seconde vie de tout ce qui nous est confié.

MA CONTRIBUTION AUX 2030 GLORIEUSES

Le BTP est le premier émetteur de déchets, mais aussi le premier extracteur de matières premières au monde. Je suis fière d'agir pour limiter l'impact du premier émetteur de déchets en France. Minéka a déjà détourné de la benne plus de 5 000 tonnes de matériaux. C'est un véritable défi de faire émerger la pratique du réemploi pour réduire l'empreinte écologique du BTP et on sent que cette dynamique est en train d'émerger partout en France.

→apprendre←

Le réemploi, une pratique millénaire

Les Romains, les Grecs et les Égyptiens construisaient déjà les bâtiments en récupérant les métaux, en particulier l'acier, sur les anciennes constructions pour les réutiliser dans les nouvelles. Au Moyen-Âge, cette pratique s'est accélérée avec la construction abondante des églises, cathédrales et châteaux. Les constructeurs profitaient des anciens édifices pour récupérer tous les matériaux possibles et utiles pour leurs nouveaux projets. Lorsque les bâtiments étaient sur le point d'être détruits, des affiches étaient même distribuées partout aux alentours du chantier pour informer d'une vente publique des éléments à récupérer.

LES STRUCTURES QUI M'ONT AIDÉE À DÉVELOPPER MON PROJET

Nous avons été accompagnés par la pépinière d'initiatives citoyennes d'Anciela, l'incubateur Alter'Incub, La fondation Émergences.

Enfin, de nombreuses fondations privées et collectivités locales nous soutiennent: la fondation BTP Plus, la fondation Terres d'Initiatives solidaires, la Ville de Villeurbanne, la Métropole de Lyon, Le FDVA, le FSE, la Région Auvergne-Rhône-Alpes.

POURQUOI CE MÉTIER EST-IL SOURCE DE BONHEUR ?

Je remets au goût du jour une pratique millénaire qui a été oubliée à cause de la révolution industrielle. Cette pratique est épanouissante à plusieurs égards, parce qu'elle a un vrai impact écologique, mais aussi parce qu'elle demande beaucoup de créativité pour revaloriser des matériaux qui ont parfois une vraie histoire.

En chiffres

>> La part des effectifs féminins dans le BTP oscille encore aujourd'hui entre 11 et 13 %.

>> 850 000 tonnes de déchets par an sont produites dans la seule région lyonnaise.

>> Salaire mensuel: autour de 2 000 euros brut selon les structures.

En bonus

Retrouvez l'interview de Joanne dans le podcast 2030 Glorieuses

www.lienmini.fr/62639-06

Je suis… ORGANISATRICE D'ÉVÉNEMENTS DURABLES

Clémentine Mossé, présidente de The Greener Good à Lyon

Les événements qui montrent la diversité des alternatives et créent des liens sont à mon sens fondamentaux pour faire avancer la transition écologique.

MON MÉTIER

Je travaille à créer des espaces agréables pour que les gens puissent se former, échanger, se questionner et partager sur des sujets qui touchent à l'écologie, la consommation responsable, la mode éthique ou encore les métiers qui ont du sens.

MA SEMAINE TYPE

Organiser un événement est une activité vraiment transversale. Pour chaque événement, mes actions consistent, au-delà de constituer et animer l'équipe organisatrice, à construire la programmation et inviter des intervenants, rechercher des partenaires et des financements, cocréer l'univers graphique de l'événement et coordonner les actions de communication pour le faire connaître au plus grand nombre, imaginer le plan du lieu, organiser la logistique, contacter les médias et répondre aux éventuelles sollicitations.

À l'approche d'un grand événement, les semaines sont beaucoup plus remplies que le reste de l'année, qui peut être consacré à d'autres actions.

En phase de préparation, des points avec les équipes (programmation, communication, logistique) sont organisés régulièrement afin de coordonner les actions.

MON PARCOURS

J'ai une formation d'ingénieure, mais mon envie d'engagement a toujours été forte. Après quelques années à jongler entre mon travail et mon activité de bénévole, j'ai enfin osé faire la bascule et aujourd'hui mon travail est entièrement tourné vers la transition écologique.

LES QUALITÉS NÉCESSAIRES

Les savoir-être qui aident beaucoup sont la créativité, la débrouillardise, le relationnel, la résistance au stress, l'anticipation… Créer des événements, c'est également savoir gérer un calendrier très fluctuant, avec des temps calmes mais aussi des périodes très intenses à quelques semaines du jour J.

MA CONTRIBUTION AUX 2030 GLORIEUSES

Les événements qui montrent la diversité des alternatives à notre mode de vie actuel et créent des liens sont à mon sens fondamentaux pour faire avancer la transition écologique. En quelques heures ou quelques jours, c'est l'occasion pour les participants de trouver de l'inspiration, de découvrir un très grand nombre d'initiatives, de s'interroger sur leurs pratiques et de se rapprocher de personnes et de structures qui partagent leurs valeurs. Les participants, qui ressortent généralement ravis et pleins d'envie, contribueront ensuite à essaimer la transition.

Un secteur en pleine mutation

L'activité événementielle a été fortement freinée par la pandémie et la fréquentation n'est pas encore revenue aux niveaux pré-covid. Créer des festivals multithématiques est sans doute une piste pour que les apports se fassent autant sur le fond (sensibilisation à l'écologie, aux questions de genres, d'inégalités sociales, etc.) que sur la forme avec une dimension festive et culturelle qui pourrait élargir la portée des futurs événements.

LES STRUCTURES ET AIDES PRINCIPALES DANS LE MILIEU

→ Depuis 2018, l'association Réseau éco-événement (REEVE) propose en partenariat avec Nantes Métropole un parcours de quinze modules différents de trois heures, permettant d'aborder de nombreux aspects de l'écoresponsabilité événementielle.

→ L'agence Lucie propose également une formation pour organiser un événement écoresponsable.

POURQUOI CE MÉTIER EST-IL SOURCE DE BONHEUR ?

J'aime énormément mener des projets collectifs aux côtés de personnes ayant des profils et des compétences très différents. Et surtout, je suis ravie de voir l'aboutissement concret de mois de travail et les sourires sur les visages des personnes qui y participent. J'ai également parfois la joie d'apprendre qu'un événement a créé des connexions entre des participants en permettant à une personne de trouver un travail, à une autre de développer un nouveau partenariat, ou bien à des bénévoles de devenir amis !

→apprendre←

En chiffres

>> Chaque année, 1200 foires et salons sont organisés en France avec près de 23 millions de visites et 230 000 exposants.

>> Salaire mensuel : dépend grandement de la structure (associative ou non) qui porte l'événement.

En bonus

Retrouvez l'interview de Clémentine dans le podcast 2030 Glorieuses

www.lienmini.fr/62639-07

Je suis...

RECONDITIONNEUR DE PRODUITS ÉLECTRONIQUES

David Mignot,
président
de YesYes à Caen

Le reconditionné doit s'imposer dans la société de demain comme la nouvelle norme d'achat, et l'achat d'un produit neuf doit devenir l'exception.

MON MÉTIER

En récupérant des équipements électroniques d'occasion qui viennent d'entreprises, d'opérateurs ou de particuliers, j'offre une nouvelle vie aux produits *high-tech* d'occasion.

MA SEMAINE TYPE

Chaque jour est organisé autour de tâches techniques précises avec un nombre de produits à réceptionner, à contrôler, à réparer et à envoyer en livraison pour répondre aux commandes de nos clients. Certaines équipes sont dédiées à l'atelier technique, d'autres à la logistique, au service client ou encore à la vente en boutique. Le contenu de poste est donc très différent selon le profil et les missions confiées à chacun.

Dans notre atelier technique, on vérifie le fonctionnement de chaque appareil récupéré (smartphones, tablettes, ordinateurs, consoles...) en effectuant toute une série de contrôles et de tests *via* des logiciels professionnels, et on réalise les réparations nécessaires (changement d'écran, de batterie...). Suite à ces différents contrôles, les produits qui sont certifiés 100 % fonctionnels sont garantis deux ans et prêts pour une nouvelle vie !

COMMENT FAIRE POUR TRAVAILLER DANS CE SECTEUR ?

Une formation ou expérience en technique ou en vente dans l'univers *high-tech* est naturellement un plus, mais la philosophie YesYes est que toute personne motivée et répondant à nos objectifs de qualité et de service est la bienvenue et sera formée par les équipes en place !

LES QUALITÉS NÉCESSAIRES

Comme il s'agit avant tout de rassurer sur le fait que les produits reconditionnés fonctionnent aussi bien que des produits neufs, il faut bien sûr faire preuve d'une grande rigueur, de minutie et de concentration dans tous les contrôles techniques et réparations effectués sur chacun des produits.

Il faut donc avant tout aimer le travail bien fait, mais aussi l'échange et la relation humaine, afin d'assurer à chaque client une expérience 100 % positive.

Et les produits que ne peuvent pas être reconditionnés ?

Les produits qui ne fonctionnent pas et qui ne sont pas réparables sont transmis à un partenaire spécialiste du recyclage des déchets électroniques, qui se charge d'y récupérer les matières premières afin qu'elles soient réutilisées (notamment les nombreux métaux qui les composent).

MA CONTRIBUTION AUX 2030 GLORIEUSES

Le métier de reconditionneur s'inscrit complètement dans la mise en place de modèles de consommation plus durables et écoresponsables. Promouvoir l'achat de produits électroniques de seconde main plutôt que de produits neufs permet de faire évoluer les gens sur des habitudes de consommation plus responsables. C'est un sujet primordial au regard de l'impact écologique et social colossal lié à la fabrication de produits neufs, mais aussi au regard du volume croissant de nos déchets électroniques. Et en plus, cela coûte moins cher, donc tout le monde est gagnant. Le reconditionné doit s'imposer dans la société de demain comme la nouvelle norme d'achat, et l'achat d'un produit neuf doit devenir l'exception.

POURQUOI CE MÉTIER EST-IL SOURCE DE BONHEUR ?

Ce qui est le plus satisfaisant pour moi est de participer au développement d'une consommation plus responsable, en proposant des produits de seconde main, moins chers et plus écologiques, mais qui fonctionnent aussi bien que des produits neufs. Sans compter le fait de travailler dans une entreprise 100 % française qui défend des valeurs écologiques et sociales fortes, qui fait travailler des jeunes en difficulté d'insertion et des personnes en situation de handicap. Je suis fier de trouver du sens à ce que je fais et de faire partie d'une entreprise en phase avec mes propres valeurs.

En chiffres

>> En 2021, 164 millions de smartphones reconditionnés ont été vendus dans le monde, soit un smartphone sur dix.

>> 30 % des smartphones reconditionnés vendus en France sont aujourd'hui véritablement reconditionnés en France.

>> Salaire mensuel : SMIC en début de carrière.

En bonus

Retrouvez l'interview de David dans le podcast 2030 Glorieuses

www.lienmini.fr/62639-08

Pour continuer à faire mieux avec moins

D'autres idées de métiers

AMBASSADEUR DU TRI ET DU ZÉRO DÉCHET

Formation: CAP propreté de l'environnement urbain-collecte et recyclage, bac pro gestion des pollutions et protection de l'environnement ou BTS métiers des services de l'environnement. Citeo et Adelphe dispensent des formations courtes.

Mission: Pédagogue et adepte du travail de terrain, son rôle est d'informer et de conseiller la population sur les bonnes pratiques et les réglementations en vigueur pour réduire et optimiser sa gestion des déchets.

Salaire mensuel: Embauche au SMIC.

TECHNICIEN LOW-TECH

Formation: voir « La low-tech skol » ci-après.

Mission: Que ce soit en entreprise ou en collectivité, l'objectif est de mener une véritable lutte contre le gaspillage grâce à différents leviers: l'économie des ressources, la réparation et la maintenance des équipements.

Salaire mensuel: Entre 2 000 et 3 500 euros brut.

ÉTANCHÉISTE

Formation: CAP ou bac pro étanchéité du bâtiment et des travaux publics.

Mission: Ouvrier spécialisé, sa mission est de poser les isolants sur les chantiers (polymères, enduits, laine de verre, etc.). C'est un profil particulièrement demandé dans les travaux de rénovation énergétique.

Salaire mensuel: Entre 1 600 et 2 200 euros brut.

FABLAB MANAGER

Formation: Bac + 4 ou + 5 avec une spécialité en informatique ou en design. De plus en plus de formations spécifiques sont mises en place, comme le diplôme universitaire proposé par le fablab de l'université de Cergy-Pontoise, le master EdTech (université Paris-Descartes), ou encore la formation d'ICI Montreuil.

Mission: Organiser le partage des connaissances et des pratiques liées à la fabrication numérique et les faire découvrir au plus grand nombre.

Salaire mensuel: Entre 1 750 et 2 000 euros brut.

CHARGÉ D'EFFICACITÉ ÉNERGÉTIQUE

Formation: Bac + 5 avec un master génie civil, un diplôme d'ingénieur en génie énergétique ou thermique ou encore un master spécialisé en éco-matériaux.

Mission: Son rôle est d'effectuer des études d'audit et d'optimisation d'énergie lors de constructions ou de réhabilitations (déperdition d'énergie du bâtiment, niveau d'isolation, consommation d'énergie, etc.)

Salaire mensuel: De 2 500 à 2 900 euros brut en début de carrière.

ÉCONOME DE FLUX

Formation: Bac + 2 à + 5 avec un BTS fluides, énergies, domotique, un DUT génie thermique et énergie ou encore un master en économie de l'environnement et de l'énergie.

Mission: Spécialiste des économies d'énergie, son rôle est de gérer, régler et optimiser les équipements d'une organisation (collectivité, entreprise, lieu public) afin de réduire son empreinte écologique et, par la même occasion, sa facture d'énergie.

Salaire mensuel: 1 700 euros brut en début de carrière.

MÉCANICIEN VÉLO

Formation: Avant ou après bac. Les formations sont de plus en plus nombreuses, comme l'Institut de formation du vélo à Voiron, en Isère.

Mission: Entretenir les vélos. Il lui est aussi souvent demandé de conseiller et former les utilisateurs au bon usage et à la maintenance de leur vélo.

Salaire mensuel: Environ 1 800 euros brut.

ARCHITECTE HAUTE QUALITÉ ENVIRONNEMENTALE

Formation: Bac + 5 pour obtenir le diplôme d'architecte et une spécialisation d'une durée variable en management des process du bâtiment, *green building*, modélisation (BIM), écoquartiers ou encore écologie urbaine.

Mission: L'architecte haute qualité environnementale travaille sur des projets de construction ou de réhabilitation de bâtiments en apportant son savoir-faire autour de trois grands axes: le confort d'usage, l'efficience énergétique et l'intégration paysagère.

Salaire mensuel: 2 200 euros brut en début de carrière et des évolutions qui peuvent être très disparates avec des revenus s'étalant en général entre 3 000 et 6 000 euros.

Quelques pistes d'études à suivre

• **La Solive** pour se former aux métiers de la rénovation énergétique avec deux formations (chef de projet en rénovation énergétique et expert du chauffage décarboné, de 14 à 18 semaines) à Paris, Lyon et Nantes.

• **Make ICI** conçoit et gère des manufactures collaboratives et solidaires permettant aux entrepreneurs du «faire» (artisans, designers, artistes, marques Made in France, créatifs, etc.) d'apprendre, lancer et développer leur activité économique. Dans cette optique, Make ICI a développé une offre de formation professionnelle pour s'orienter vers les métiers d'art, les métiers verts et l'économie circulaire, et les métiers de la réparation.

• **Le MOOC Low-tech** «Comment faire mieux avec moins?» proposé par We Ex-plore.

• **La Low-tech Skol** propose la première formation des techniciens low-tech et agents économie circulaire. Chaque promotion forme une quinzaine de techniciens low-tech et d'agents économie circulaire à Guingamp, en Bretagne, dans une logique de promotion de l'inclusion sociale.

Notes

Des personnalités inspirantes

→ **Philippe Bihouix** expert des low-tech, directeur général chez AREPGénéral

→ **Flore Berlingen** experte du zéro déchet et directrice opérationnelle de Triticum

→ **Kate Raworth** économiste et éditorialiste britannique à l'origine de la théorie du donut

→ **Corentin de Chatelperron** ingénieur-aventurier et fondateur du Low-Tech Lab

Des interviews sur des thématiques proches

→ **Renaud Colin**, accélérateur de mobilité active

→ **Vincent Bouhours**, constructeur de *tiny houses*

→ **Marion Graeffly**, chargée de rayonnement d'une coopérative de télécom

→ **Maxime Claval**, rafraichisseur de bâtiments

→ **Aneta Sidor**, épicière zéro déchet

À retrouver sur www.imagotv.fr/podcasts/2030-glorieuses

Des documentaires, des livres, des podcasts

- La série de vidéos *En quête d'un habitat durable* par le Low-Tech Lab.
- Le documentaire *Wave of Change* de Pierre Frechou.
- Le podcast Ozé « Augustin et l'économie circulaire ».
- Le livre d'Isabelle Delannoy, *L'Économie symbiotique*, publié chez Actes Sud en 2017.
- Le hors-série de Socialter « L'avenir sera Low-Tech » publié en mai 2019.

Les métiers pour recréer du lien avec les autres

Désemplir nos vies pour alléger notre empreinte sur cette planète, mais surtout désemplir nos vies pour les mener plus intensément, à la recherche de ce qui les accorde au Vivant ! Désemplir nos vies pour mieux les remplir donc, en conscience et en intuition, en contrôle et en lâcher-prise, mais toujours avec l'envie d'avoir un impact positif sur le Vivant et donc forcément sur nous-mêmes.

Aujourd'hui la plupart des gens voient leur métier comme le moyen de subvenir à leurs besoins et à leurs envies, pas toujours utiles. C'est le lieu des compromis et des sacrifices sur l'autel du confort matérialiste. Mais quand ces besoins sont réduits à l'essentiel, d'autres objectifs peuvent être atteints. Si trop nombreux sont ceux qui n'arrivent pas à s'assurer une vie digne faute de travail ou de rémunération suffisante, encore plus nombreux sont ceux qui laissent leurs idéaux sur le pas de la porte de leur carrière professionnelle. Et pourtant, de quoi nous souviendrons-nous sur notre lit de mort ? De quoi nos enfants seront-ils fiers ? D'une maison plus grande, d'une voiture plus intelligente, d'une garde-robe plus impressionnante… ou d'aventures sans cesse renouvelées, du soin et de l'attention apportés à nos proches et à ceux qui ont besoin d'une main tendue, de retrouvailles entre amis qui se terminent à l'aube ou de projets qui contribuent au bien commun ?

Sur le papier, nous savons quelle est la « bonne » réponse ; mais plongés dans notre quotidien, il est si facile de s'en éloigner ! J'ai longtemps suivi des études par défaut en pensant davantage au salaire confortable que je pourrais gagner une fois ma carrière dans les organisations internationales commencée qu'au vrai sentiment d'accomplissement qu'elle me permettrait de toucher du doigt. Je trompais l'ennui de ces études pour lesquelles je n'avais aucun goût en feuilletant les magazines de moto et en rêvant à la Ducati Monster que je pourrais me payer une fois mes premiers salaires encaissés. Il m'en a fallu, du temps et des erreurs de parcours, pour réaliser à quel point les mirages matérialistes de notre époque sonnent creux. Il m'en a fallu, du temps, pour me rendre compte que l'altruisme, l'engagement et le collectif seraient de bien meilleures boussoles pour vivre un quotidien épanouissant !

LE BONHEUR SELON HARVARD

Des scientifiques de l'université de Harvard se sont penchés sur la « recette » du bonheur en suivant sans interruption, via des analyses de sang, des scanners des cerveaux, des questionnaires et interviews, etc., le quotidien de 724 hommes pendant 75 ans. Leur verdict est tombé fin 2015 : ce n'est ni la richesse ni la célébrité qui permettraient de rendre quelqu'un heureux, mais bien la qualité de ses relations. En effet, l'expérience démontre que les individus les plus connectés à leur famille, à leurs amis et à leur cercle social sont non seulement plus heureux mais aussi en meilleure santé.
De bonnes relations seraient bénéfiques non seulement pour la santé physique, mais aussi pour la santé mentale. La solitude, quant à elle, tue – puisqu'être seul accélérerait le vieillissement du cerveau et affecterait l'état de santé général...

Pendant ce temps-là, notre modèle économique nous pousse à chercher un confort qui tend à nous endormir. « L'économie de la flemme », qui promeut à outrance la livraison instantanée, en est sans doute l'apogée. À l'affût de cet abandon, qui nous guette tout au long de la vie active, le fait de nous adonner à une introspection régulière est notre meilleure arme pour vivre cette vie au cœur du Vivant, où honorer la chance extraordinaire que nous avons d'être sur Terre est une mission de tous les instants. Je vous propose une pléiade de questions clés, comme autant de leviers pour cultiver notre intranquillité :

→ Qu'est-ce qui me fait me sentir pleinement vivant ?

→ Quels sont mes talents qui contribuent au bien commun ?

→ Quelles sont les personnes que j'admire réellement ? Pourquoi ?

→ Quelles causes ne me laissent pas indifférent ? Pourquoi ?

→ Quelles traces ai-je envie de laisser sur cette planète ?

→ Quelles sont les valeurs dont je suis fier d'hériter de la génération précédente ?

→ Et quelles sont celles que je veux transmettre à la jeunesse qui arrive ?

En ce qui me concerne, j'ai très tôt réussi à ne plus vouloir dédier mon énergie à l'acquisition de la seule stabilité financière. Avoir commencé à travailler jeune, dès l'âge de 16 ans, m'avait permis de constituer un petit matelas « de sécurité ». D'autre part, sans doute par esprit de contradiction avec les aspirations parentales, j'envisageais mon futur succès professionnel davantage tourné vers les rencontres et les dépaysements plutôt que vers une carrière menée à coups de promotions et de bonus de fin d'année. Mes premières expériences en tant que coordinateur de projet dans les ONG ne m'ont pas déçu. Mieux, elles m'ont permis de découvrir l'une des manières les plus épanouissantes de travailler: se mettre au service de l'Autre. L'altruisme comme moteur, le décentrement comme positionnement et voilà comment mes deux premières missions, l'une en Colombie et l'autre aux Philippines, ont dépassé toutes mes attentes. C'est d'ailleurs une recommandation que je fais à l'envi à tous ceux qui peuvent se le permettre (car il faut du temps et ne pas être soumis à une trop grande pression financière): acceptez une mission de volontariat de solidarité internationale. Que ce soit en sortant de vos études, pour faire une pause après votre expérience professionnelle, pour vivre une nouvelle aventure familiale, pour mettre vos compétences au service d'une cause noble, pour mettre à profit une (trop) longue période de recherche d'emploi ou pour donner un sens à votre retraite. Vous rentrerez transformé par cette expérience. Pendant près de quatre ans, au gré de mes deux missions, j'ai pu découvrir des dynamiques locales à l'opposé de mes habitudes, mieux cerner les enjeux de la très grande pauvreté ou encore ressentir toute la richesse de l'interculturalité. Il m'a fallu de nombreuses années, de retour en France, pour digérer et comprendre à quel point ces expériences m'avaient transformé, pour le meilleur. La découverte des propos de l'activiste et auteur Satish Kumar m'a beaucoup aidé dans ce sens. Dans une interview pour le magazine *Kaizen* en 2019, il explique:

L'une des manières les plus épanouissantes de travailler: se mettre au service de l'Autre.

«Il faut renoncer à son ego pour privilégier l'éco, *oikos* en grec ancien, qui signifie la maison, c'est-à-dire la planète… Cela implique d'exercer une profession, non pas par cupidité dans le but de consommer, mais par souci de libérer la créativité qui est en chacun de nous… Tous les êtres humains sont une seule et même humanité, quels que soient leur nationalité, leur croyance, leur couleur de peau ou encore leur niveau de vie. La biodiversité humaine devrait ainsi être célébrée et non pas détruite. C'est seulement en comprenant cela que nous pourrons mettre fin à la pauvreté, à l'injustice sociale et à la guerre. Il faut embrasser cette diversité des cultures, des langues, et même des vérités, car la vérité unique n'existe pas. Il y a en effet une autre vérité que celle du matérialisme, du libéralisme et du capitalisme que l'on nous impose.»

Les économistes commencent à évaluer le coût de l'inaction climatique et sociale – ils ne devraient plus tarder à y ajouter le coût des gâchis de talents. Nous ne sommes qu'aux prémices d'un bouleversement majeur de nos modes de vie.

LA QUÊTE DE SENS AU TRAVAIL

Audencia et jobs_that_makesense ont récemment publié une étude sur le sens au travail, menée auprès de salariés et d'étudiants.

Le sens au travail est une préoccupation pour 92 % des répondants

57 %

des répondants associent la notion de sens au fait de contribuer aux enjeux de la transition écologique et sociale

Les freins qui empêchent de sauter le pas

52 % des répondants ont peur d'une perte potentielle de revenu

39 % sont bloqués par le coût lié à la transition professionnelle (inactivité, financement de la formation, etc.)

42%

de répondants ont entamé une transition professionnelle

Parmi eux

18 %

ont changé de poste au sein de la même organisation

23 %

ont changé d'organisation

40 %

sont allés jusqu'à la reconversion, en entamant une formation puis en changeant de structure pour exercer un nouveau métier

18 %

se sont lancés dans l'aventure entrepreneuriale

Il est essentiel de se mettre au service de la justice sociale.

Il est essentiel de se mettre au service de la justice sociale et les secteurs qui contribuent à l'amélioration de la vie de son prochain sont nombreux. Santé, éducation, sport, etc., la France est l'un des pays où ces missions de bien commun ont été le plus largement développées et institutionnalisées, au fur et à mesure des victoires sociales. Pourtant, ces dernières années, ce « contrat humaniste » dont nous étions si fiers a été attaqué de toutes parts, au point de perdre de son lustre d'antan et de nous faire douter de ces valeurs qui sont le fondement de notre société.

Dans ce sens, la Covid-19 nous a au moins permis de nous rendre compte de l'importance de ces missions de solidarité qui seraient à nouveau appuyées et encouragées par un État providence actif en France et de la nécessité de revaloriser et de célébrer à la hauteur de leur intérêt les métiers au service de l'Autre. « Premiers de corvée » ou « métiers de première ligne », nous avons tous ressenti de la gratitude pour ces « invisibles », toutes celles et tous ceux qui faisaient preuve de courage, en cette période d'incertitude, pour nous permettre de continuer à vivre confortablement, au point de nous retrouver à nos fenêtres à 20 heures pendant des semaines pour applaudir les soignants, figures de proue de cet altruisme dépassant largement la simple éthique professionnelle. Loin du mythe de l'individu autonome érigé en exemple lors de ces dernières décennies, la crise de 2020 nous a rappelé que nous sommes en réalité tous dépendants les uns des autres, vulnérables et forcément interconnectés. Notre vie commune, que nous le voulions ou non, est rendue possible grâce à celles et ceux qui exercent un métier qui rentre dans la catégorie du *care* (c'est-à-dire du soin, en anglais). Dans sa définition élargie, le *care* fait mention de ceux qui « soignent » le vivre-ensemble, en temps de crise ou non: personnel soignant, employés dans l'alimentation, professionnels de la culture, agents de propreté, personnel éducatif, professionnel du sport, agriculteurs, transporteurs, etc.

Cette économie du *care* existe depuis longtemps en France sans qu'on la nomme ainsi. Ces dernières années, elle a même été reconnue et encouragée sous un autre nom qui recoupe ses frontières de manière quasi identique: l'économie sociale et solidaire (ESS). Reconnue par la loi du 31 juillet 2014, l'ESS regroupe des structures qui cherchent à concilier utilité sociale, performance économique et gouvernance démocratique. Elles démontrent depuis des années qu'il est possible de nourrir l'ambition de créer des emplois pérennes et non délocalisables tout en développant une plus grande cohésion sociale et en apportant des réponses aux besoins socioéconomiques des territoires.

Ainsi, en quelques points clés, l'ESS c'est:

→ 2,38 millions de salariés;

→ 14 % de l'emploi privé;

→ environ 10 % du PIB;

→ 200 000 structures aux formats différents (entreprises, fondations, mutuelles, coopératives, associations);

→ une économie très transversale qui se retrouve dans tous les secteurs;

→ des valeurs communes: la gouvernance partagée, la répartition des richesses, l'impartageabilité des réserves.

Les crises (sanitaires, économiques, écologiques, énergétiques, etc.) s'accumulent et la place accordée à l'ESS dans l'économie générale est même en train de s'inverser, obligeant les entreprises «classiques» à se repositionner pour afficher plus clairement leurs liens à cette contribution au bien commun. La charge de la preuve est en train de changer de camp. «Cette société qui, comme l'écrit Alain Damasio, de toute chair, fait un chiffre» est sur le déclin. Imaginer que le monde ne dépend plus d'indicateurs classiques comme la productivité, la création et la préservation des richesses n'est pas si farfelu. L'ESS devient un modèle à suivre et ces entreprises qui dédient leurs ressources aux soins sont en train de modifier la manière dont nous menons notre quotidien, en replaçant l'Autre au centre de celui-ci.

TROUVER DU SENS DANS SON MÉTIER, UNE NOTION FLOUE?

Un chercheur américain a publié une étude auprès d'un large panel de salariés, allant du balayeur au cadre dirigeant, pour comprendre et affiner la notion de sens dans son travail. Sa conclusion peut sembler surprenante: ce n'est pas le métier en tant que tel qui donne du sens mais l'histoire que l'on construit autour. Dit autrement, il s'agit plutôt d'être au bon endroit au bon moment.

Se poser la question de la motivation dans son quotidien professionnel est un indice intéressant pour cerner la notion de sens. Dan Pink, journaliste américain et auteur de plusieurs livres sur l'évolution du monde du travail, s'y est intéressé. Et selon lui, le modèle de la carotte et du bâton ne fonctionne pas. Ce qui motive réellement les salariés repose sur trois piliers: le *purpose*, «ce qui a du sens pour et selon moi», le *mastery*, «le domaine dans lequel je me sens bon» et l'*autonomy*, soit «la possibilité de gérer mon projet selon mes envies». Une fois que tout cela a été défini, il devient facile d'orienter sa carrière pour qu'elle prenne un tournant plus épanouissant.

Fatima Bellaredj

déléguée générale de la confédération générale des SCOP depuis 2018, le réseau des Sociétés coopératives et participatives (SCOP), des Sociétés coopératives d'intérêt collectif (SCIC) et des Coopératives d'activité et d'emploi (CAE) en France

Pourquoi notre système économique a-t-il besoin d'être dépassé une bonne fois pour toutes ?

Quand on parle d'économie, il semble que pour être sérieux, il faut absolument être libéral, comme si c'était le modèle absolument compétitif et qu'il devait donc privilégier les très grandes entreprises, celles qui jouent au niveau international. Ce qui est un postulat de départ dont je considère qu'il est un peu à côté de la plaque. La réalité de notre économie est faite essentiellement par les petites et moyennes entreprises. C'est la fameuse règle du 80/20. Le modèle actuel écrase ces initiatives locales qui créent pourtant le plus d'emplois sur le territoire et qui sont très sérieuses. On devrait mettre l'action sur cette échelle de manière beaucoup plus forte et le gouvernement devrait y consacrer les moyens essentiels.

L'économie sociale et solidaire applique ces fondamentaux, comme le partage de la gouvernance et la répartition des richesses, qui font le bien commun. Les entreprises sont collectives, donc elles appartiennent à la fois à tout le monde et à personne. Ce qui veut dire qu'il n'y a pas de revente possible. Et ça pour moi, c'est très sérieux parce que nous avons besoin de ces fondamentaux pour avoir une répartition des richesses juste et équilibrée. Malheureusement, l'ESS n'est jamais prise au sérieux. Le nouveau gouvernement vient d'être nommé mais dans sa première mouture, l'ESS n'apparaissait pas. On ne savait pas si on allait avoir un haut-commissariat ou un secrétariat d'État. Et je trouve ça bien dommage, car cette économie a beaucoup, beaucoup d'avance par rapport à l'économie libérale: elle est innovante, elle est prête à perdre de l'argent pour créer de nouvelles valeurs... C'est une nouvelle économie ancrée sur le local, le territorial, pour créer une nouvelle proximité, et cela demande de courir des risques importants. Elle crée de l'emploi, elle réalise des bénéfices et les réinvestit. C'est encore une fois quelque chose de très sérieux mais aussi de très solide car c'est une prise de risque assez rare qu'on ne voit pas souvent dans l'économie libérale.

Pourquoi le modèle économique du fameux « monde d'après » existe-t-il déjà ?

En mars 2020, à l'apparition du virus de la Covid-19, on se disait qu'il fallait inventer le monde d'après. D'un seul coup, cette sidération nous a amenés à nous recentrer sur des fondamentaux, comme le bien-vivre ensemble, de ne pas viser le lucratif à tout-va. Tout cela nous faisait un peu sourire, nous, dans le monde des SCOP, mais plus largement dans celui de l'ESS, parce que nous nous disions que cette prise de conscience était bienvenue et qu'elle pouvait nous permettre de nous mettre toutes et tous autour de la table pour envisager un monde économique meilleur. Nous nous sommes dit que ce qui serait vraiment bien, c'est que l'économie en général s'inspire des principes de l'économie sociale et solidaire parce que le monde d'après existe déjà.

Ce que devrait être le monde après, en tenant compte de ce qui nous entoure, en faisant au mieux pour utiliser notre Terre sans la dégrader, existe déjà et fait partie de notre économie à part entière: c'est l'économie sociale et solidaire, qui n'est pas en recherche d'une lucrativité à tout prix. C'est même plutôt l'inverse, puisque pour nous l'argent n'est plus une finalité: c'est redevenu un moyen.

Pourquoi les modèles coopératifs sont-ils particulièrement résilients ?

Le modèle coopératif a plus de 140 ans maintenant. Dans l'exemple des SCOP, ce sont les ouvriers qui se sont rassemblés pour créer leurs entreprises. Idem pour les mutuelles et pour les banques initiées par les sociétaires. Toute l'économie sociale et solidaire s'est construite ainsi et on arrive à comprendre assez aisément pourquoi ce modèle reste très présent aujourd'hui. Pas suffisamment en termes de notoriété, mais c'est quand même un modèle qui bénéficie d'un affect très fort car les coopérateurs cherchent toujours à sensibiliser d'autres coopérateurs.

Les SCOP ont connu un vrai boom dans les années 1970 avec la loi de 1978 qui traite spécifiquement les SCOP, et la loi de 2014 a eu le même effet puisqu'elle donne de la crédibilité, de la lisibilité, de la visibilité à l'ESS.

Les crises ont montré à quel point ces entreprises sont particulièrement résilientes. Cela avait déjà été le cas en 2008, avec une crise relativement forte, un boom du chômage et de nombreuses défaillances du côté des entreprises: on avait repéré que l'impact avait été moindre du côté des SCOP, car les salariés qui les détenaient ont accepté de faire beaucoup de sacrifices pour les sauver. Collectivement, ils ont pris des décisions difficiles comme baisser leurs salaires, se remettre au travail dès que des contrats rentraient, etc. Cette solidarité est réapparue avec la crise sanitaire. Nous étions très inquiets à la fin de l'année 2020, mais en réalité il y a finalement eu de la création d'emplois. Les salariés, associés aux décisions stratégiques, n'ont pas hésité à reprendre le travail dès que cela a été possible.

En France, il y a eu des reprises emblématiques d'entreprises sur le point de disparaître par des salariés sous le format coopératif. L'exemple de Scop-ti fait partie des plus connus. Société coopérative et participative fondée en 2014, elle est issue de la reprise de l'usine Fralib, fabricante du thé Éléphant, qui a annoncé en septembre 2010 son intention de fermer.

Ce que nous voulons mettre en avant, c'est aussi la possibilité pour les salariés de reprendre leur entreprise quand elle va bien. Le cédant ne pense jamais à ses salariés pour reprendre son entreprise, alors que c'est tout à fait possible. Les salariés rachètent l'entreprise, ce n'est pas un cadeau; et on devrait creuser davantage cette option. Il nous arrive de plus en plus souvent d'aider des salariés dans ce cas de figure.

Pourquoi le modèle coopératif a-t-il un impact positif sur les salariés ?

On le comprend assez vite. En étant salarié dans une coopérative, on a souvent la double qualité (le taux de sociétariat dans nos coopératives est de 76 %, les salariés sont donc à la fois employés et associés). Cela signifie que, en tant qu'associés, ils participent à la gouvernance et donc décident des orientations stratégiques de cette entreprise. Il y a des temps organisés dans l'entreprise qui sont extrêmement importants, lors desquels on va débattre. Il s'agit au minimum de l'assemblée générale annuelle, et plus régulièrement si c'est possible dans le cadre de conseils d'administration de l'entreprise ou entre associés de manière plus directe quand l'entreprise est de taille plus réduite.

C'est donc forcément plus impliquant et l'implication dans son entreprise est un marqueur très fort en termes d'épanouissement. L'important, c'est d'animer cette vie coopérative. Ce n'est pas quelque chose qui se décrète. On ne naît pas coopérateur, on le devient. Des baromètres existent sur la qualité de vie au travail et on se rend compte que les résultats sont meilleurs dans les entreprises coopératives comme les SCOP ou les SCIC.

Dernière chose à prendre en compte: la taille de l'entreprise. Quand on est une toute petite structure, on n'a pas forcément les mêmes moyens qu'une très grande entreprise. La qualité de vie au travail se construit à la fois avec l'ancienneté, la structuration et la professionnalisation.

Des exemples de métiers créés spécifiquement dans les entreprises coopératives ?

Le métier de délégué à l'animation de la vie coopérative est un métier récent propre aux SCOP et aux SCIC, qui est en train de bien se développer. Il est apparu car le travail de formation ainsi que le besoin de faire participer tous les salariés à la vie coopérative est un facteur de performance économique pour nos entreprises. Quand ce métier est apparu, c'était en fait lié de manière assez pragmatique à la taille des entreprises, car on ne fait pas de l'animation de la vie coopérative de la même manière quand on est dix et quand on est 100, voire plus. Ce métier est donc apparu dans les entreprises particulièrement importantes. Ces dernières années, on s'est rendu compte que ce métier s'est développé mais aussi que les attentes sont de plus en plus fortes car l'impact de ce métier se fait aussi ressentir sur la performance économique.

On va aussi voir des métiers dédiés à faire connaître le modèle coopératif. En effet, mettre en avant le fait que l'entreprise est une coopérative est devenu une image de marque vis-à-vis de l'extérieur car vous montrez ainsi que vous vous préoccupez du bien-être de vos salariés et qu'en plus c'est tout à fait compatible avec la performance économique de votre structure. On a aujourd'hui de plus en plus de SCOP et de SCIC qui mettent en avant, dans leurs dimensions marketing et commerciale, qu'elles sont des coopératives. C'est désormais un avantage concurrentiel fort.

Quelles formations permettent déjà de se former à ces enjeux et à ces pratiques coopératives ?

La confédération générale des SCOP met à disposition de nombreux outils en ligne, comme des guides mais aussi des formations. Ces modules de formation sont d'autant plus pertinents qu'ils sont réalisés en utilisant les techniques d'animation de la vie coopérative, mais qu'ils s'appuient aussi sur l'échange de bonnes pratiques. Pour les SCOP et les SCIC, c'est un élément particulièrement important car cela apporte une vraie plus-value, même si cela demande un gros travail que de partager ses expériences.

Quelles sont les ressources que vous recommandez pour continuer à creuser ce sujet passionnant ?

- *La citoyenneté économique peut-elle sauver le monde ?*
sous la direction de Benoît Hamon, Les Équateurs, 2022.

- *Pour une économie de la réconciliation – Faire de l'ESS la norme de l'économie de demain*, Jérôme Saddier, Les Petits Matins, 2022.

LE TRAVAIL PEUT-IL RENDRE HEUREUX ?

La question de l'épanouissement dans nos vies professionnelles est particulièrement complexe tant la notion peut être différente selon les personnes. Pour autant, il est possible de voir de grandes lignes se dessiner. Des chercheurs français travaillant pour le ministère du Travail ont étudié la question du bonheur dans la sphère privée. Ils remarquent que trois facteurs prédominent pour tendre vers un métier épanouissant.

l'autonomie, pour pouvoir contrôler l'organisation de ses tâches ainsi que le rythme de son temps de travail

le soutien social, par lequel on peut à la fois compter sur des collègues en or mais aussi sur sa hiérarchie en cas de pépin

le sentiment de reconnaissance, qui explique que les travailleurs les plus heureux sont ceux qui ont l'impression d'être utiles aux autres et d'apporter une véritable plus-value à la société

Deux études proposent un top 10 des métiers les plus épanouissants mais les réponses sont tellement disparates qu'elles semblent poser plus de questions qu'elles n'en résolvent.

Une étude du cabinet *Happy At Work* menée auprès de 120 000 salariés

- **#1** Architecte
- **#2** Chargé de communication
- **#3** Chef de groupe marketing
- **#4** Chargé de ressources humaines
- **#5** Entrepreneur
- **#6** Personnel de service à la personne
- **#7** Technicien sécurité hygiène et développement
- **#8** Chef de chantier
- **#9** Chimiste
- **#10** Juriste

Une étude de la Dares, qui tente de répertorier les professions les plus appréciées

- **#1** Ingénieur de l'informatique
- **#2** Cadre des transports, de la logistique et navigant de l'aviation
- **#3** Employé des services divers
- **#4** Cadre des services administratifs, comptables et financiers
- **#5** Personnel d'études et de recherche
- **#6** Technicien des services administratifs, comptables et financiers
- **#7** Secrétaire de direction
- **#8** Assistante maternelle
- **#9** Technicien de l'informatique
- **#10** Agent administratif et commercial des transports et du tourisme

Pour vous aider à cerner votre propre notion de bonheur au travail :

Listez vos trois meilleures et vos trois pires expériences professionnelles.

Demandez-vous : « Suis-je là où je voulais être il y a 10 ans ? » et « Est-ce que je suis bien là où je suis ? »

Quelles sont les trois choses qui vous rendent le plus et le moins heureux au travail ?

Si vous n'aviez aucune contrainte, que feriez-vous ?

Quelles attentes pour les salariés et les dirigeants d'entreprises de nos jours ? Un baromètre réalisé par Opinion Way pour SG Scop en avril 2022 tente de nous éclairer à ce sujet et nous dévoile que les trois enjeux prioritaires pour les entreprises selon les salariés sont :

→ une meilleure répartition des bénéfices ;

→ l'accompagnement au développement des compétences ;

→ la prise en compte de l'impact environnemental de l'entreprise.

Et si l'ensemble des répondants indiquent à 43 % qu'ils ont le sentiment de ne jamais être pris en considération dans les décisions de l'entreprise et à 51 % que les résultats financiers passent avant les aspects humains ou les enjeux écologiques, le témoignage de Fatima Belaredj est une preuve supplémentaire que l'entreprise coopérative est une incarnation de l'économie de demain tant elle répond aux attentes des salariés tout en se mettant à la hauteur des enjeux de notre siècle.

La sobriété est un mot qui revient souvent en ce moment dans la bouche de nos dirigeants politiques et économiques, inspirés par les demandes insistantes des militants et de la société civile qui tentent de trouver une oreille attentive depuis de nombreuses années. C'est notamment une obligation sur le plan économique ou encore au niveau énergétique. Mais s'il y a un domaine dans lequel la sobriété ne s'applique pas, c'est bien dans notre manière d'être à l'Autre. Une économie du vivre-ensemble est donc possible. Mieux : elle existe déjà, et elle est en pleine croissance. De la croissance du lien, de l'empathie, de la bienveillance, de la générosité, du soin, du rire… Si, aujourd'hui, travailler dans le « social » semble tenir plus du sacrifice qu'autre chose, demain, suivre ce chemin de vie professionnel apparaîtra comme une évidence. Un égoïsme bien placé ! Je grandis avec et pour les autres. Je m'épanouis grâce aux autres et en même temps qu'eux.

Demain, suivre ce chemin de vie professionnel apparaîtra comme une évidence.

Sur son blog, Matthieu Ricard, moine bouddhiste et scientifique réputé et écouté, ne nous dit pas autre chose. Dans un article, il écrit : « La coopération est une réponse aux grands défis de notre temps (…) Dans une société fortement compétitive, les individus se méfient les uns des autres, s'inquiètent de leur sécurité et cherchent constamment à promouvoir leurs intérêts et leur rang social, sans trop se soucier des autres. À l'inverse, dans une société coopérative, les individus se font confiance et sont prêts à consacrer du temps et des ressources pour autrui : c'est ainsi que s'enclenche un cycle vertueux de solidarité et de réciprocité qui nourrit des rapports harmonieux... Notre époque est confrontée à de nombreux défis : nous devons essayer de concilier les impératifs de l'économie avec le respect de l'environnement, avec celui d'autrui, et avec la recherche du bonheur. L'individualisme ne peut résoudre chacun de ces problèmes, l'altruisme est alors nécessaire car c'est un fil d'Ariane qui nous permet de relier naturellement les trois échelles de temps – court, moyen et long terme – en harmonisant leurs exigences. »

Oui, la coopération a toute sa place en entreprise, que ce soit pour le bien-être de ses membres comme pour sa réussite économique. David Rand, professeur à l'université de Yale aux États-Unis, a mené une série d'expériences auprès de plusieurs salariés, qui ont révélé que ceux qui avaient réalisé les meilleurs résultats à long terme et les gains les plus importants étaient tous des coopérateurs. Ce ne sont pas les génies et inventeurs réputés qui font le succès des entreprises, mais bien la coopération fructueuse entre personnes qui ont de bonnes raisons de se faire confiance. D'autres études menées à la London School of Economics abondent dans ce sens et prouvent que la compétition entre les travailleurs d'une même structure est nocive, car elle détériore les rapports humains et les conditions de travail. Contrairement aux idées établies, la concurrence interne diminue la prospérité de l'entreprise. Un manager qui ne s'alarme pas de la souffrance de ses employés et se focalise sur le fait de récompenser ses travailleurs ambitieux et individualistes sera obligé de compenser tôt ou tard cette attitude par des coûts bien supérieurs liés aux arrêts maladie, à la gestion de conflits et au mal-être au travail. À la lecture de ces éléments, il apparaît évident qu'au-delà des alternatives durables et solidaires, c'est surtout de la manière que nous utiliserons pour les déployer que tiendra notre succès.

En bref, le futur de l'entreprise sera coopératif ou ne sera pas.

Je suis...

BANQUIÈRE ITINÉRANTE

Alice Longuepe,
salariée de La NEF
à Lille

Mon métier est encore précurseur, mais en 2030 il n'y aura plus que des banquiers itinérants !

MON MÉTIER

En charge de la région des Hauts-de-France, je travaille vraiment dans le circuit court de l'argent : je collecte de l'épargne pour ensuite l'utiliser en réalisant des prêts pour des projets qui participent à la transition citoyenne et environnementale.

MA SEMAINE TYPE

Je me déplace en permanence pour aller vers les personnes qui pourraient avoir besoin de nos services. Mes semaines sont donc jalonnées de rencontres, notamment avec des porteurs de projet. J'anime aussi la vie coopérative et je participe à des jurys divers en lien avec l'ESS. Une partie de mon temps est également consacrée aux activités plus « évidentes » pour une banquière, que ce soit l'analyse financière et extra-financière, le suivi de mon portefeuille emprunteur ou la gestion des comptes courants professionnels.

MON PARCOURS

Je suis diplômée de l'École supérieure des Affaires de Lille 2 avec une maîtrise de Banque Finance.

J'ai d'abord travaillé pour des grandes banques (Crédit du Nord, puis Caisse d'Épargne) avant de me mettre à mon compte. Puis j'ai découvert La NEF, qui a enfin donné du sens à mes compétences et m'a fait découvrir un milieu foisonnant, celui de l'économie sociale et solidaire.

LES QUALITÉS NÉCESSAIRES

Il faut surtout, à mon avis, avoir le sens du contact. Être banquier itinérant, c'est aller au contact des gens et se mettre à leur service. Et puis créer des liens entre certains emprunteurs ou avec d'autres partenaires de notre réseau. Plus ce réseau sera dense, mieux ce sera. Il est nécessaire d'être doté d'un bon sens de l'organisation pour gérer un planning chargé, mais aussi pour suivre les dossiers en cours et aborder sereinement la partie « analyse financière » qui est primordiale dans mon travail. Et enfin, l'autonomie, car les banquiers itinérants travaillent seuls, c'est-à-dire que nous représentons la NEF sur notre territoire avec un soutien du siège à distance.

→apprendre←

La finance durable : pourquoi, pour qui ?

La finance durable s'efforce de redonner à la finance ses lettres de noblesse en faisant de l'argent un moyen plutôt qu'une fin. Il s'agit également d'un levier pour la transformation des sociétés et de l'économie vers une économie plus durable. En France, les citoyens et les professionnels ont accès à des produits proposés par des organismes financiers durables dont La NEF, le Crédit Coopératif ou encore Finansol sont des figures de proue.

MA CONTRIBUTION AUX 2030 GLORIEUSES

Mon métier est encore précurseur, mais en 2030 il n'y aura plus que des banquiers itinérants ! Nous sommes de plus en plus sollicités d'année en année, les porteurs de projet sont à la recherche de sens et de valeur. Il faut se faire connaître davantage du grand public pour que la finance solidaire ne soit pas à la portée que d'une minorité.

POURQUOI CE MÉTIER EST-IL SOURCE DE BONHEUR ?

Je découvre tous les jours de nouvelles initiatives et je me sens utile, grâce à La NEF, dans la transition citoyenne. J'évolue dans un écosystème passionnant, au contact d'autres personnes et d'autres organisations qui tentent de faire bouger les choses à leur niveau et dans leur secteur. C'est vraiment très grisant. Et mon métier m'a aussi permis d'évoluer à titre personnel : la rencontre avec tant de beaux projets m'a donné envie d'y participer aussi en tant que citoyenne. Je suis devenue par exemple Cigalière (trésorière d'un Club Cigales) mais aussi Amapienne (réseau des AMAP).

En chiffres

>> Avec 121 tonnes équivalent de CO_2 émis par million d'euros investis, La NEF est la banque la moins émettrice en France (la plus émettrice relâche 635 tonnes par million d'euros investis).

>> En 2021, La NEF, c'est 571 millions d'euros d'encours crédit. En comparaison, la Société Générale a 136 milliards d'encours crédit…

>> Salaire mensuel : entre 2 000 euros et 3 000 euros brut.

En bonus

Retrouvez l'interview d'Alice dans le podcast 2030 Glorieuses

www.lienmini.fr/62639-09

Je suis…

COMMUNICANTE CRÉATIVE ET ENGAGÉE

Olivia Guilbaud,
cogérante
de Machin Bidule
au Mans

Ce qui est beau à raconter, c'est la vérité.

MON MÉTIER

Au quotidien, j'œuvre à trouver les meilleurs moyens pour que des personnes entendent parler de votre projet engagé.

MA SEMAINE TYPE

J'alterne entre cinq missions essentielles :

→ Des briefs : je consacre beaucoup de temps à la découverte de l'activité de nos clients, à la recherche de la vraie valeur qu'ils apportent et de leurs points sincères de différenciation, notamment sur les questions de durabilité et de solidarité. Nous échangeons avec eux sur les objectifs, les enjeux, la compréhension du marché et nous portons fièrement nos valeurs pour les aider avec des outils adaptés aux enjeux du monde de demain (design circulaire, innovation frugale et logique de permaentreprise).

→ De la créativité : je suis régulièrement chargée de l'animation de brainstormings pour répondre au mieux et de manière créative aux problématiques posées par nos clients. L'idée, c'est de proposer des réunions impliquantes pour cocréer plutôt que de se limiter à notre posture d'experts. C'est le meilleur moyen d'impliquer nos clients dans la création de messages forts et vrais.

→ Argumentation : c'est mon cœur de métier : raconter les histoires au client pour expliciter nos propositions créatives et leur donner du fond.

→ Préparer et animer des réunions d'équipe grâce aux techniques d'intelligence collective (*ice-breaker*, world café, *design thinking*, battle de pitch, *focus groups*… Nos outils sont aussi nombreux que les besoins de nos clients sont variés).

→ Préparer des comptes rendus pour que toute l'équipe puisse suivre mon travail et consolider nos avancées.

COMMENT FAIRE POUR TRAVAILLER DANS CE SECTEUR ?

C'est un milieu très ouvert. Il y a forcément des écoles spécialisées en communication, mais personnellement j'ai fait une école de commerce, donc c'est vraiment très variable.

LES QUALITÉS NÉCESSAIRES

Dans ce domaine, il faut être curieux de tout. Et puis c'est un travail d'équipe : il faut savoir écouter, dynamiser un groupe et avoir beaucoup d'empathie. Enfin, être à l'aise pour prendre la parole est un vrai plus quand il s'agit de présenter mon travail à nos clients.

→apprendre←

Greenwashing, happywashing, purposewashing

Les publicités nous disent toutes à quel point les produits sont engagés, durables, etc. Si c'est parfois le cas, nombreuses sont les entreprises qui utilisent simplement l'image positive de ces concepts sans faire de réels efforts en interne. Les agences de communication ont une vraie responsabilité pour endiguer ce phénomène.

MA CONTRIBUTION AUX 2030 GLORIEUSES

Nous permettons aux entreprises et projets à impact de sortir du lot en intégrant les salariés dans les projets les plus stratégiques de leur entreprise. C'est un véritable défi de dépasser le *greenwashing* et de contribuer ainsi à répondre aux attentes des collaborateurs en matière de transparence et d'implication. Dans l'avenir, nous souhaitons trouver un modèle économique qui nous rémunère en fonction de l'impact de nos réalisations sur la société afin de pouvoir nous mettre encore plus au service des « bons ». Nous travaillons sur ces sujets avec Imma Terra et l'économie de la fonctionnalité et de la coopération.

POURQUOI CE MÉTIER EST-IL SOURCE DE BONHEUR ?

Ce métier tourne en permanence autour de la créativité ! Notre quotidien, c'est transformer notre curiosité en idées. Nous nous nourrissons sans cesse de rencontres, de visites d'entreprise, tout est toujours à découvrir et à inventer.

En chiffres

>> Le marché mondial de la publicité et de la communication pèse plus de 1 370 milliards de dollars (soit environ 1,5 % du PIB mondial).

>> Top 3 des annonceurs en France : Lidl, Leclerc, Proctor & Gamble (il y a encore du boulot).

>> Salaire mensuel : autour de 2 500 euros brut en début de carrière.

En bonus

Retrouvez l'interview d'Olivia dans le podcast 2030 Glorieuses

www.lienmini.fr/62639-10

Je suis...

CRÉATEUR DE LIENS INTERGÉNÉRATIONNELS

Philippe Albanel, fondateur de Chez Daddy à Lyon

Faire grandir nos jeunes grâce à la richesse de nos anciens.

MON MÉTIER

Je crée des liens intergénérationnels grâce à des cafés qui favorisent la rencontre de proximité dans un cadre convivial, encouragent la transmission de savoirs et développent un réseau d'entraide de quartier.

MA SEMAINE TYPE

Le fonctionnement de Chez Daddy est très différent de celui d'un café classique. Tout le monde doit effectivement être adhérent pour participer à la vie du café et au lieu de payer sa consommation à la carte, on paie une entrée qui donne accès à tout un tas de services. Un travail est fait pour impliquer les résidences seniors, les entreprises ou associations du quartier et les structures d'aide afin qu'elles puissent offrir l'abonnement à leurs résidents, salariés, bénévoles ou auxiliaires de vie.

Pour que Chez Daddy remplisse sa mission, j'enchaîne beaucoup de rendez-vous avec de potentiels partenaires, avec les pouvoirs publics, avec des médias ou des financeurs. Ce sont aussi des réunions avec les équipes, des dossiers à remplir, de la communication, des événements, de la finance...

MON PARCOURS

J'ai fait une école de commerce et je me suis spécialisé dans l'entrepreneuriat social. Peu de temps après mes études, j'ai créé une agence d'aide à domicile au sein du réseau Senior Compagnie, qui m'a permis de mieux comprendre les enjeux liés au vieillissement et notamment la question de l'isolement. Cette expérience a été le point de départ du projet Chez Daddy. Aujourd'hui, je consacre 50 % de mon temps de travail à l'agence Senior Compagnie Lyon, et 50 % au projet Chez Daddy.

LES QUALITÉS NÉCESSAIRES

Il faut avoir le goût de l'entrepreneuriat car nous inventons de nouvelles manières de faire. Et puis bien sûr il faut aimer animer des événements, créer des espaces agréables et chaleureux pour les autres et apprécier de développer du lien avec les personnes âgées.

La *silver economy*, qu'est-ce que c'est ?

Améliorer la qualité de vie des personnes âgées, garantir leur autonomie le plus longtemps possible ou même allonger leur espérance de vie, voilà une partie des activités qui font la *silver economy*. Les experts la présentent souvent comme étant un marché colossal au potentiel de croissance quasiment illimité. Au-delà de ces velléités économiques, il faut surtout y voir l'occasion de se concentrer sur l'amélioration de notre lien avec les personnes âgées et de leur accompagnement dans une société où elles sont de plus en plus mises à l'écart.

→apprendre←

MA CONTRIBUTION AUX 2030 GLORIEUSES

Je cherche à rendre nos quartiers plus ouverts, chaleureux et solidaires, en permettant aux plus âgés de continuer à créer des réseaux de sociabilité afin de lutter contre l'isolement et retarder la perte d'autonomie. J'ai le sentiment que le concept répond à un vrai besoin social, de plus en plus identifiable et médiatisé. L'activité va connaître un vrai boom à mon sens dans les prochaines années.

LES STRUCTURES QUI M'ONT AIDÉ À DÉVELOPPER MON PROJET

L'accompagnement par la Fondation Émergences m'a permis de pouvoir relever la tête du guidon, de bénéficier d'un regard extérieur et d'agrandir mon réseau, ce qui est très précieux pour une jeune structure qui a encore tout à apprendre.

POURQUOI CE MÉTIER EST-IL SOURCE DE BONHEUR ?

Cette expérience combine les thématiques qui me sont chères : l'entrepreneuriat, l'animation et le lien avec les personnes âgées. Et puis le fait d'avoir un travail très varié est une source de bonheur permanente avec de surcroît le sentiment d'avoir une vraie capacité d'innovation pour répondre à un enjeu déterminant de notre société. Quel plaisir de voir au quotidien l'impact de ses efforts sur son territoire !

En chiffres

>> Les personnes âgées de 60 ans et plus devraient être 20 millions en France d'ici à 2030, contre 15 millions aujourd'hui.

>> Le marché de « l'économie grise » représenterait environ 130 milliards d'euros et rapporterait 0,25 point de croissance de PIB chaque année.

>> Rémunération mensuelle : très variable selon l'âge de la structure.

En bonus

Retrouvez l'interview de Philippe dans le podcast 2030 Glorieuses

www.lienmini.fr/62639-11

Je suis…

FORMATRICE EN COOPÉRATION

Louise Didier, formatrice et facilitatrice des réseaux à Lyon

Individuellement nous ne pouvons rien face aux crises qui nous attendent.

MON MÉTIER

J'accompagne des équipes ou des réseaux d'acteurs pour mieux travailler ensemble, penser les dynamiques de groupe et les enjeux de pouvoir.

MA SEMAINE TYPE

J'alterne différentes activités :

→ Animation directe de formation, en présence ou à distance. Mais c'est au maximum deux jours dans la même semaine et pas toutes les semaines.

→ Préparation de ces interventions : discussions préalables avec les participants à propos de leurs attentes.

→ Capitalisation et débrief de ces interventions.

→ Échanges entre formateurs, mise en réseau pour continuer à me former, à soutenir ou demander de l'aide à mes collègues.

→ Organisation administrative et communication autour de mon activité.

MON PARCOURS

Après des études de Sciences politiques à Grenoble où j'ai choisi une spécialisation en Économie sociale et solidaire, un premier stage m'a menée en Argentine, puis un second à Paris. J'ai découvert l'éducation populaire, le militantisme… et j'ai appris sur le terrain bien plus que dans les amphis ! Il s'agit plus d'un niveau d'expérience que d'un niveau d'étude.

En 2015 j'ai rencontré l'équipe d'Outils-Réseaux, une association de Montpellier, et j'ai participé à leur formation Animacoop. C'est là que je me suis passionnée pour les dynamiques de groupe, l'intelligence collective, le travail collaboratif…

Aujourd'hui, je fais partie de plusieurs communautés que je contribue à faire vivre : je suis formatrice Animacoop, contributrice YesWiki et entrepreneure d'une coopérative d'activité et d'emploi.

LES QUALITÉS NÉCESSAIRES

Évidemment, il faut avoir le sens de la pédagogie et le goût du travail d'équipe ! S'ajoute à cela une appétence pour l'entrepreneuriat car il faut jongler entre différentes formations avec différents partenaires et donc savoir démarcher, tenir un calendrier, gérer différentes tâches de front.

Le réseau Animacoop, qu'est-ce que c'est ?

Animacoop est une formation-action qui développe les compétences pour mieux animer ses projets de manière collaborative. Portée par un réseau national de formateurs et formatrices expérimentés, ayant des expériences complémentaires (facilitation, conseil, projets, AMO...), Animacoop représente onze ans d'expérience, 55 sessions menées avec plus de 800 participants et sa qualité est reconnue dans un travail de recherche.

POURQUOI CE MÉTIER EST-IL SOURCE DE BONHEUR ?

C'est une richesse quotidienne qui me permet de continuer à apprendre mais aussi de rencontrer, soutenir et collaborer avec des gens inspirants. J'ai la chance de recevoir régulièrement de la reconnaissance et d'être libre d'inventer mes activités comme de choisir mes partenaires, mon rythme et mon lieu de travail.

MA CONTRIBUTION AUX 2030 GLORIEUSES

J'y contribue de différentes manières :

→ En encourageant des méthodes de travail plus respectueuses des humains et qui vont vers plus d'intelligence collective.

→ En soutenant des projets qui eux-mêmes construisent les 2030 Glorieuses.

→ En questionnant mon rapport au travail, à l'argent, à la prestation de service, à la pédagogie...

→ En construisant du commun : tout ce que je produis (fiche pratique, déroulé pédagogique, plate-forme de formation...) peut être repris et réutilisé librement par quelqu'un d'autre (licence Creative Commons).

→ En gardant du temps pour élever mes enfants !

En chiffres

>> On compte plus de 1,6 milliard d'œuvres sous licence Creative Commons sur le Web.

>> Les formations Animacoop sont accessibles partout en France grâce à un réseau présent dans onze zones géographiques différentes dont Annecy, Brest, Tours, Toulouse et Nantes.

>> Rémunération mensuelle : 1 500 euros brut par mois.

En bonus

Retrouvez l'interview de Louise dans le podcast 2030 Glorieuses

www.lienmini.fr/62639-12

Je suis...

HORTICULTRICE DU SOCIAL

Solène Mahé, cofondatrice de La Brocante Verte à Nantes

C'est une telle fierté d'accompagner des personnes sans domicile fixe vers l'emploi durable.

MON MÉTIER

J'accompagne des personnes et des plantes dans la poursuite de leurs chemins de vie. L'association La Brocante Verte a pour mission l'insertion professionnelle de personnes sans domicile fixe *via* une ressourcerie de plantes.

MA SEMAINE TYPE

Je suis codirectrice de l'association et encadrante technique. Je m'occupe de la gestion économique et stratégique de l'association et 50 % de mon temps est dédié à l'encadrement technique des personnes en insertion par le travail.

Mes semaines sont très flexibles; elles suivent le rythme des saisons, des collectes de végétaux (dans les supermarchés et les pépinières) à soigner et des personnes en insertion à accompagner.

Je peux passer des matinées à travailler sur des dossiers de financement, d'accompagnement social ou à nouer des partenariats commerciaux et des après-midi le nez dans les plantes à les bichonner... Mais pour résumer, je dirais que mon temps de travail est réparti ainsi: un tiers d'accompagnement social, un tiers de travail sur le végétal et un tiers sur la partie commerciale et l'activité économique.

MON PARCOURS

Après une première vie professionnelle dans le marketing, j'ai bifurqué en suivant un master de Coordinatrice de projet de solidarité internationale et locale à l'IFAID Aquitaine. Je suis ensuite partie sur le terrain avec une première mission en Thaïlande pour Enfants du Mékong, puis d'autres aux Philippines et en Indonésie pour Life Project 4 Youth.

De retour en France, toujours dans la solidarité, j'ai travaillé pour Unis-Cité, le Secours Catholique puis le Samu social.

En 2020, nous avons décidé avec une amie de nous lancer et de créer notre propre association à Nantes pour avoir un impact à la fois écologique et social.

Notre victoire récente: nous venons d'obtenir l'agrément Atelier et Chantier d'Insertion qui nous permet désormais d'employer des personnes en situation de grande exclusion.

LES QUALITÉS NÉCESSAIRES

Écoute, empathie, patience, pédagogie, altruisme, sens de l'entrepreneuriat, passion des plantes et du vivant… La liste est longue !

> **« L'écologie sans lutte des classes, c'est du jardinage »**
>
> Cette expression a été prêtée pour la première fois à Chico Mendes (1944-1988), militant syndicaliste brésilien. Un constat qui est partagé depuis de nombreuses années dans les pays où la pression et les dégâts du capitalisme sautent aux yeux et que l'on entend de plus en plus fréquemment dans nos sociétés occidentales où le lien entre crise écologique et crise sociale a pris une nouvelle ampleur au moment du mouvement des Gilets Jaunes, avec l'apparition du slogan « fin du monde et fin du mois, même combat ! »

MA CONTRIBUTION AUX 2030 GLORIEUSES

Avec La Brocante Verte, je prouve qu'un modèle d'entreprise prenant en compte la dimension sociale et environnementale est possible et nécessaire. Pour moi, les questions environnementales devront dans les années à venir être systématiquement liées aux questions sociales, qui deviennent de plus en plus préoccupantes.

POURQUOI CE MÉTIER EST-IL SOURCE DE BONHEUR ?

C'est un réel bonheur d'avoir du temps pour la stratégie de l'association et toujours les pieds sur le terrain à accompagner les personnes et sauver des plantes. C'est une telle fierté d'accompagner des personnes sans domicile fixe vers l'emploi durable ! Nous souhaitons mettre notre énergie au service de la concrétisation et de la réussite de leurs parcours de vie. Nous souhaitons également, par le biais de la ressourcerie végétale, changer le regard des entreprises et des employeurs sur les personnes en situation de rue et leur capacité à reprendre un emploi.

→apprendre←

En chiffres

>> Environ 2 millions de personnes sont en situation de grande pauvreté en France.

>> On estime à 1 500 000 le nombre d'associations actives en France et environ une sur dix a eu recours à l'emploi salarié.

>> Rémunération mensuelle : jusqu'à 2 300 euros brut quand l'association sera bien développée.

En bonus

Retrouvez l'interview de Solène dans le podcast 2030 Glorieuses

www.lienmini.fr/62639-13

Je suis...

AGENT DE CONVIVIALITÉ

Renaud Seligmann, cofondateur du Social Bar à Paris

La convivialité est un muscle qu'il faut entretenir.

MON MÉTIER

L'agent de convivialité crée les conditions nécessaires pour que les personnes se sentent à l'aise et s'ouvrent à la rencontre et à l'échange, y compris avec des inconnus. Un agent de convivialité accueille, connecte, instaure une ambiance ; il crée de l'énergie.

MA SEMAINE TYPE

Parfois, je vais travailler au Social Bar à côté de la Gare de Lyon à Paris, le lendemain j'anime un événement d'entreprise, et le surlendemain j'organise un événement pour dynamiser la Gare de l'Est. C'est passionnant car les missions et les publics changent ! En revanche, l'objectif est constant : mettre les gens à l'aise et s'assurer qu'ils passent un bon moment. Mon rôle est de favoriser l'échange entre des individus qui ne se connaissent pas forcément et je porte la responsabilité de la « bonne ambiance » d'un événement.

Le bar le plus convivial de Paris...

Créé en 2016 pour mener de front le combat contre l'isolement et celui contre le manque d'interactions sociales, le Social Bar est un laboratoire de convivialité, de solidarité et de festivités. Élu bar préféré des Parisiens par *Time Out*, le bar reverse 15 % de ses bénéfices à des associations. Et ça marche : quatre ans après sa création, le Social Bar s'est agrandi et déployé dans d'autres villes (Strasbourg, Saint-Ouen, Biarritz, Dijon et bientôt Montpellier).

→apprendre←

COMMENT FAIRE POUR TRAVAILLER DANS CE SECTEUR ?

Il n'y a pas de prérequis pour exercer ce métier. Jusqu'à présent, il n'existait pas de diplôme non plus, puisque nous (l'équipe du Social Bar) avons créé ce métier. Aujourd'hui, nous avons créé l'École de la Convivialité, la première école dédiée à la chaleur humaine. Elle forme et outille les agents de convivialité de demain, agit pour faire de ce nouveau métier un métier d'inclusion et accompagne toutes les structures désireuses de mettre la convivialité au cœur de leur projet : des conciergeries et espaces de *coworking* aux collectivités et grandes entreprises, en passant par les volontaires de la ville de Paris et la brigade des sapeurs-pompiers !

LES QUALITÉS NÉCESSAIRES

Il y en a plusieurs :

→ Avoir de l'énergie à revendre.

→ Ne pas avoir peur de discuter avec un inconnu, de lui sourire.

→ Savoir animer un événement dans un espace et un temps donnés.

→ Être capable de donner envie de rejoindre le mouvement.

→ Faire preuve d'une bonne capacité d'observation et d'écoute pour « sentir » les gens.

→ Pouvoir improviser en cas d'imprévu pour sauver une situation mal embarquée.

→ Être en mesure de proposer et concevoir de nouvelles animations.

MA CONTRIBUTION AUX 2030 GLORIEUSES

Mon rôle est de tordre le cou à la réputation des Français, qui seraient prétendument râleurs et individualistes. J'œuvre donc à recréer de la confiance entre les individus. Les événements que j'organise y participent en retissant le lien social, en donnant le sourire et en recréant notre capacité à dépasser les catastrophes sociales et environnementales auxquelles nous allons être confrontés. Et c'est un métier d'avenir car de plus en plus d'entreprises investiront dans la convivialité pour se différencier et créer de l'engagement vis-à-vis de leurs collaborateurs et de leurs clients. Notre objectif à court terme : autant d'agents de convivialité que d'agents de sécurité pour les JO 2024, afin que Paris devienne médaille d'or de la convivialité et de l'accueil – ce qui n'est pas le cas aujourd'hui !

POURQUOI CE MÉTIER EST-IL SOURCE DE BONHEUR ?

Quoi de mieux que de voir d'autres personnes sourire ? Quand je vois que je participe à donner un supplément d'énergie aux gens et que, à la fin des événements que j'organise, je les entends dire qu'ils ont fait de belles rencontres, ça fait du bien !

En chiffres

>> Le Social Bar a été rendu possible grâce au soutien de 175 copatrons qui sont actionnaires du bar.

>> La France est classée 41e sur 67 pays en ce qui concerne son hospitalité. Peut mieux faire…

>> Salaire : 30 euros brut de l'heure pour des interventions en entreprise et 20 euros brut pour une intervention au bar.

En bonus

Retrouvez l'interview de Renaud dans le podcast 2030 Glorieuses

www.lienmini.fr/62639-14

Je suis…

PROF DE MÉDITATION

Marianne Leenart, auteure et *mindfulness teacher* dans la Drôme

J'apprends aux gens à poser leurs fesses en silence pour vivre plus heureux.

MON MÉTIER

Je suis prof de méditation (il paraît qu'il faut dire instructrice de pleine conscience, mais je trouve que c'est moins sympa).

MA SEMAINE TYPE

Méditer, lire, me former, écrire des livres, donner des conférences, organiser des stages, intervenir pour des entreprises, des étudiants, des militants, voyager, me balader en forêt, répondre à des journalistes, écouter de la musique… Je crois que ce qui est important quand on est prof de méditation, c'est de continuer à être un étudiant soi-même. Trouver un équilibre entre action et contemplation, entre les moments où on enseigne et les moments où on médite, où on se ressource. Afin d'incarner ce qu'on raconte aux autres.

COMMENT DEVENIR PROF DE MÉDITATION ?

Tout dépend d'où vous venez et quel public vous voulez toucher. Il y a par exemple l'association pour le Développement de la *Mindfulness* (suivez les programmes MBSR ou MBCT) ainsi que le diplôme universitaire de médecine Méditation et Neurosciences.

Il existe des parcours « officiels », mais la formation la plus importante, c'est de méditer soi-même et d'avoir déjà une pratique quotidienne régulière, idéalement depuis au moins trois ans. Être guidé par un autre prof de méditation est aussi essentiel à mon avis pour apprendre sérieusement et ne pas jouer à « l'apprenti sorcier » en se prenant pour un gourou !

LES QUALITÉS NÉCESSAIRES

Le sens de l'écoute, bien sûr. Mais aussi du courage et de la patience, car le chemin de la méditation peut être « remuant ». Ce n'est pas tout, il faut aussi de l'humilité et de l'humour, car on se rate souvent, sans oublier de la curiosité et de la tendresse pour l'être humain. Mais toutes ces qualités peuvent se cultiver avec la pratique de la méditation. Donc la base, c'est simplement d'avoir envie de méditer et d'explorer ce qu'il se passe.

La méditation en pleine conscience, qu'est-ce que c'est ?

Jon Kabat Zinn, un célèbre docteur en biologie moléculaire américain grâce à qui la méditation en pleine conscience a fait son entrée dans les hôpitaux, parle de porter notre attention dans l'instant présent, volontairement et avec bienveillance. Il s'agit donc d'un entrainement laïque de l'attention, accessible à tous, aux nombreux bienfaits sur le corps, l'esprit et la santé… Et non d'une pratique de lévitation !

MA CONTRIBUTION AUX 2030 GLORIEUSES

Je dis souvent que la méditation est une pratique joyeusement subversive, une révolution des consciences et de la compassion. Je crois que former les gens à la méditation plante en eux les graines d'éthique, de joie, de paix et de bienveillance dont notre futur a besoin. Plus on prend soin de soi, plus on prend soin des autres, et de la vie. Plus on est heureux, moins on dégomme la planète.

LES STRUCTURES ET AIDES PRINCIPALES DANS LE MILIEU

Pour monter votre projet avec un impact social et solidaire, je recommande Ticket for Change ou makesense.

POURQUOI CE MÉTIER EST-IL SOURCE DE BONHEUR ?

C'est un métier qui a du sens, qui me rend libre, qui me fait apprendre plein de choses sur moi, et qui au passage aide les autres à vivre mieux. À travers mes stages, mais aussi les livres et les podcasts qui permettent de diffuser les messages plus largement, j'ai envie d'apporter une vision de la méditation à la fois décomplexée (pour qu'elle soit accessible au plus grand nombre), décalée (parce que c'est important de ne pas se prendre trop au sérieux) et de plus en plus engagée (pour faire face aux défis de notre époque et prendre soin de la planète).

En chiffres

>> Plus d'un Français sur trois a déjà médité pour se sentir mieux.

>> Les premières traces de méditation remontent à plus de 2 000 ans avant J.-C., soit 1 500 ans avant que le père du bouddhisme, Siddhartha Gautama, ne développe cette pratique.

>> Rémunération : certains se font rémunérer comme des coachs assez chers, d'autres le font bénévolement ou acceptent les dons.

En bonus

Retrouvez l'interview de Marianne dans le podcast 2030 Glorieuses

www.lienmini.fr/62639-15

Je suis…

RESTAU-RATRICE HUMANISTE

Vanessa Krycève, cofondatrice et directrice générale du RECHO à Paris

Notre société est heureuse et bien portante lorsque ses citoyens sont ensemble, en lien, en confiance et dans un rapport d'hospitalité bienveillante.

MON MÉTIER

Je tâche de rassembler grâce au plaisir de la table des publics qui ne se rencontrent habituellement pas, en tenant compte de l'impact global du contenu de l'assiette que nous dégustons.

MA SEMAINE TYPE

Je peux passer d'un dossier de recherche de financements à un déplacement en région pour le pilotage ou la mise en place d'une nouvelle mission solidaire, à l'animation d'un atelier de cuisine dans notre restaurant solidaire du 16e arrondissement, en passant par la rédaction de nouvelles fiches recettes pour notre traiteur ou encore la production en cuisine pour un événement extérieur. Sans oublier les heures de points d'équipe, de management, les rendez-vous pour recruter de nouvelles personnes ou les visios pour chercher des fonds auprès d'investisseurs. Lorsque je le peux, j'avance sur des dossiers de fond et j'essaie également au maximum de lire et d'écouter les dernières actualités sur les questions qui m'animent, car cela nourrit le propos lorsqu'il s'agit d'aller pitcher devant des partenaires.

COMMENT FAIRE POUR TRAVAILLER DANS CE SECTEUR ?

Personnellement j'ai un parcours éclectique et l'on peut dire que je suis autodidacte, donc pas de diplômes particuliers requis. Ce qui peut aider éventuellement, c'est une école de commerce pour la vision entrepreneuriale (l'ESSEC et HEC auraient été des formations précieuses qui m'auraient peut-être permis de moins tâtonner ou de mieux penser le modèle économique dès le départ).

LES QUALITÉS NÉCESSAIRES

De la flexibilité, de la passion, de l'empathie, de la résilience et une forte capacité de travail.

→apprendre←

Le premier label pour trouver un restaurant écoresponsable

Pour aider les Françaises et Français à dénicher les tables les plus engagées, l'association Écotable a lancé en 2018 le label Écotable. Celui-ci permet d'identifier et de valoriser les restaurants ayant entamé une conversion écologique, à partir d'un cahier des charges précis. Huit critères sont pris en compte : l'approvisionnement, la consommation d'eau et d'énergie, le recyclage, la communication, le gaspillage alimentaire, la santé, la carte et le choix des produits d'entretien.

MA CONTRIBUTION AUX 2030 GLORIEUSES

Je rassemble et tisse du lien dans la société pour contrer le réflexe de repli sur soi, de méfiance vis-à-vis de l'autre. Les plus grands défis du XXIe siècle, d'après moi, seront le changement climatique et le vivre ensemble. J'espère inspirer d'autres initiatives permettant de faire évoluer le secteur de la restauration.

POURQUOI CE MÉTIER EST-IL SOURCE DE BONHEUR ?

Je suis heureuse de voir que cela fonctionne, que les gens prennent du plaisir à se rencontrer, que les équipes sont heureuses de venir travailler (même lorsqu'il y a beaucoup de travail !), que nos bénéficiaires s'épanouissent dans leur cursus de formation, que nos clients reviennent au restaurant ou font appel à nous en tant que traiteur à plusieurs reprises. Cela me touche quand je vois des mentalités évoluer… Ce qui me rend profondément heureuse, c'est de travailler en équipe et d'avoir l'impression d'avoir un impact, aussi infime soit-il. Faire bouger les lignes…

En chiffres

>> Près d'un million de personnes travaillent dans le secteur de l'hôtellerie-restauration.

>> Le tiers de l'effectif de l'hébergement-restauration est renouvelé chaque année, ce qui représente environ 420 000 nouveaux entrants, majoritairement jeunes (62 % de moins de 30 ans).

>> Salaire mensuel : 3 000 euros brut.

En bonus

Retrouvez l'interview de Vanessa dans le podcast 2030 Glorieuses

www.lienmini.fr/62639-16

Pour continuer à recréer du lien avec les autres

CHARGÉ DE VIE COOPÉRATIVE

Formation: Bac + 3 en gestion de projet, en communication ou en animation de réseaux.

Mission: Le chargé de vie coopérative est responsable de l'animation du sociétariat et du déploiement de la communication. Il s'occupe également du développement de la stratégie et des actions d'animation de la vie coopérative sur le territoire.

Salaire mensuel: Entre 2 000 et 2 800 euros brut selon les structures.

AIDE À DOMICILE

Formation: Niveau bac avec le DEAES spécialité accompagnement de la vie à domicile accessible sur concours d'entrée à partir de 18 ans.

Mission: Appelé aussi assistant de vie pour personnes âgées, l'aide à domicile accompagne au quotidien des personnes en perte d'autonomie pour les aider à effectuer les tâches de la vie courante directement à leur domicile. Ainsi, la personne se maintient à son domicile plutôt que d'intégrer un institut spécialisé.

Salaire mensuel: 1 600 euros brut en début de carrière.

CONDUCTEUR DE TRANSPORTS EN COMMUN

Formation: CAP agent d'accueil et de conduite routière, transport de voyageurs, ou équivalent avec le TP conducteur de transport en commun sur route.

Mission: Le conducteur de bus ou de cars assure le transport de voyageurs sur des lignes régulières (transport urbain, interurbain, scolaire...) ou les déplacements de touristes en France ou à l'étranger.

Salaire mensuel: 1 700 euros brut.

RESPONSABLE DE TIERS-LIEU

Formation: Bac + 3 minimum avec une formation en gestion de projet solidaire ou une expérience dans le social avec une formation ponctuelle comme celle proposée par la coopérative Tiers-lieux intitulée «Piloter un tiers-lieu».

Mission: Il coordonne les activités courantes sur place (formation, accueil du public, animation des réunions, etc.) ainsi que le suivi des projets menés par les partenaires du tiers-lieu. Il assure également la représentation au public et est l'interlocuteur privilégié du propriétaire et de la collectivité.

Salaire mensuel: Autour de 2 500 euros brut.

D'autres idées de métiers

FORMATEUR EN COMMUNICATION NON VIOLENTE

Formation: Les seuls formateurs reconnus pour leurs compétences en communication non violente sont les formateurs certifiés du CNVC (*Center for NonViolent Communication*). Cet organisme a délégué la certification et la formation des futurs formateurs en francophonie (hors Québec) à l'A-Certif. Depuis 2010, il propose un parcours de formation soutenu par des formateurs certifiés du réseau francophone. Il s'agit d'un parcours exigeant s'étalant sur plusieurs années.

Mission: Le formateur en communication non violente accompagne les personnes afin de les aider à résoudre les conflits, améliorer les relations et accroître les performances dans tous les domaines de l'activité humaine. Le formateur aide à créer le développement d'un climat de confiance, de coopération et de solidarité entre collègues, quel que soit le rôle de chacun.

Rémunération mensuelle: Très variable en fonction des prestations.

FACILITATEUR DE COHABITATION

Formation: Plusieurs formations sont possibles, comme le DEAES spécialité auxiliaire de vie sociale, ou le diplôme d'État d'assistant de service social (DEASS).

Mission: Il exerce dans une association qui se charge de l'accompagnement des familles d'accueil des réfugiés ou encore des colocations intergénérationnelles. Il a la charge de créer un lien de confiance avec les parties prenantes et de proposer des outils ainsi que des espaces pour que la cohabitation soit la plus enrichissante possible pour tout le monde.

Salaire mensuel: 1 600 euros brut en début de carrière.

ANIMATEUR MULTIMÉDIA INTERGÉNÉRATIONNEL

Formation: Bac + 2 avec plusieurs formations possibles comme le BPJEPS, spécialité techniques de l'information et de la communication ou le diplôme universitaire Médiation Multimédia et Monitorat d'Internet (DU 3M I).

Mission: Il accompagne et assiste des publics différents (enfants, adultes, personnes du troisième âge...) dans l'appropriation des outils informatiques et usages d'Internet.

Salaire mensuel: Embauche au SMIC.

Quelques pistes d'études à suivre

• **Le Réseau interuniversitaire de l'économie sociale et solidaire (RIUESS)** s'est constitué en l'an 2000 autour de membres fondateurs issus de quatre universités, Lyon2, Aix Marseille2, Valenciennes, Toulouse2-Le Mirail et d'un centre de recherche, le CRIDA à Paris. Sur son site, il recense près de 80 formations à l'ESS organisées par les universités françaises. On y trouve 79 formations dont 20 licences, 40 masters et 19 autres formations (DU, DEUST, DUT, titres homologués...), répertoriées dans l'ensemble du réseau universitaire.

• **Le MOOC « L'économie sociale et solidaire »** proposé par le Centre national de la fonction publique territoriale fait une présentation des fondamentaux de l'ESS en douze questions et une illustration concrète via six projets variés au cœur des territoires. Il dure cinq semaines.

• **Le Campus des Tiers-Lieux** forme et accompagne entrepreneurs, porteurs de projets, collectivités, entreprises de l'immobilier et de l'aménagement. Les Amis du Campus des Tiers-Lieux, réseau des alumni, représentent aujourd'hui une communauté de plus de 350 personnes! Une formation longue, des formations spécifiques et un programme d'incubation de quatre à six mois sont proposés.

Notes

Des personnalités inspirantes

Alice Barbe
fondatrice
de l'Académie
des Futurs Leaders

Nicolas Froissard
dirigeant du groupe
SOS

Maud Sarda
cofondatrice
et directrice
de label Emmaüs

Cédric Herrou
agriculteur et actif
dans l'aide aux étrangers
en situation irrégulière

Des interviews sur des thématiques proches

Margaux Dufau,
facilitatrice
intergénérationnelle

Alexandra Debaisieux,
promotrice du déploiement
ferroviaire citoyen

Ryadh Sallem,
sportif militant

Fanny Viry,
accompagnatrice
à l'épanouissement
professionnel engagé

Priscillia Ludosky,
mobilisatrice citoyenne

À retrouver sur www.imagotv.fr/podcasts/2030-glorieuses

Des documentaires, des livres, des podcasts

- Le documentaire *Food Coop* de Tom Boothe.
- Le documentaire *En quête d'autonomie* de Demos Kratos.
- Le podcast « T'as de beaux lieux ».
- Le livre de Thierry Jeantet, *Économie sociale et solidaire : la clé des possibles*, publié aux éditions Les Petits Matins en 2021.
- Le hors-série de Socialter « Comment nous pourrions vivre » publié en juin 2022.

Les métiers pour ♡ régénérer le Vivant

×

Dépasser le capitalisme est-il possible quand on entrevoit comme seule alternative un modèle amish ? Vouloir répondre aux enjeux de notre siècle se résume-t-il à troquer nos SUV contre des charrettes ? Voilà les raccourcis dont nous gratifient nos dirigeants politiques au moment où, plus que jamais, soutenir un modèle qui vise la croissance à tout prix tient de la folie plutôt que de la raison. Heureusement, les points de vue dissonants affluent et sont même désormais partagés lors des grands rassemblements des gardiens de l'ordre économique, qu'il soit mondial ou national.

Il y a peu, le Forum économique mondial qui se tient chaque année à Davos a accueilli dix jeunes militants, parmi lesquels Greta Thunberg. Ils ont profité de cette tribune planétaire pour partager un message fort: « Le monde de la finance a une responsabilité envers la planète, les gens et toutes les autres espèces qui y vivent. En fait, il devrait être dans l'intérêt de toutes les entreprises et de toutes les parties prenantes de s'assurer que la planète sur laquelle elles vivent prospère. Mais l'histoire n'a pas démontré la volonté du monde des affaires de se tenir responsable. C'est donc à nous, les enfants, qu'il incombe de le faire. Nous appelons les dirigeants du monde à cesser d'investir dans l'économie des combustibles fossiles qui est au cœur même de cette crise planétaire. Ils devraient plutôt investir leur argent dans les technologies durables existantes, la recherche et la restauration de la nature. Le profit à court terme ne devrait pas l'emporter sur la stabilité de la vie à long terme. »

Plus récemment encore, c'est l'astrophysicien et philosophe Aurélien Barrau, invité à l'Université d'été du Medef, qui interpellait les grands patrons: « Tant que vous nommerez, vous chefs d'entreprise, croissance le fait de raser un espace gorgé de vie pour le remplacer par une plateforme commerciale, nous n'aurons pas commencé à réfléchir sérieusement. (...) Parce que nous sommes des gens sympathiques et éduqués, on se demande, en gros, comment faire des bombes issues du commerce équitable et utilisant des matériaux biologiques. C'est mignon..., mais tant que le pilonnage en règle de la biosphère demeure le geste cardinal, l'origine des projectiles n'a pas beaucoup d'importance. »

Et si nous avons besoin (et aurons besoin pendant encore longtemps) de ces discours qui tentent de faire crûment apparaître les manquements de notre système économique actuel, d'autres sont persuadés que la meilleure stratégie à notre portée pour le remplacer est non plus de le dénoncer, mais d'en démontrer l'obsolescence, à coups de contre-exemples. « Les mots sont des épées contre les ventres des brouillards », disait le poète français Eugène Guillevic. Certains, pleins de dédain, s'obstinent à connoter négativement la sobriété puisqu'elle sonnerait le glas « de l'abondance et de l'insouciance » (sic). D'autres, comme Dominique Méda, s'attachent au contraire à changer notre manière d'envisager les transformations à venir. Dans une tribune qu'elle publie pour le journal *Le Monde* le 3 septembre 2022, la sociologue se demande : « N'aurait-il pas été plus enthousiasmant, en particulier pour tous les jeunes qui affirment désormais haut et fort, dans les amphithéâtres comme dans les rues, vouloir apporter leur contribution à ce projet titanesque, de dérouler les différentes étapes du plan tant attendu, d'en détailler les bienfaits et les « cobénéfices » en matière de santé, de sécurité, de solidarité, et ainsi de mettre en évidence son caractère profondément désirable ? En un mot, ne serait-il pas plus mobilisateur d'annoncer l'ère d'une nouvelle abondance ? »

CHANGEMENT D'ÈRE, CHANGEMENT DE VOCABULAIRE ?

Ces dernières années, on a assisté à une transformation du vocabulaire utilisé par les entreprises. Si les anglicismes se taillent la part belle, les métaphores mécanistes semblent de plus en plus tomber en désuétude. On entend désormais rarement parler de « boîte », de « rouages », « d'engrenages » ou encore de « courroie de transmission ». Ce lexique, qui s'est longtemps imposé dans le discours des managers, n'est plus à la mode. Les Temps Modernes, film dans lequel Chaplin dénonçait cette mécanisation de nos organisations professionnelles, semblent avoir fait long feu. Tendez l'oreille et vous entendrez désormais fleurir les images biologiques comme « ADN de l'entreprise » ou « écosystème de partenaires », etc. On parle même au niveau macroéconomique de « permaéconomie », avec l'associé-fondateur de Pikaia Emmanuel Delannoy, ou encore d'« économie symbiotique », avec son homonyme l'environnementaliste Isabelle Delannoy. Les temps changent et les mots utilisés font partie des signaux faibles de ces transformations en cours.

Soyons ambitieux, visons de « nouvelles abondances » ! Pour nous, pour les autres mais surtout pour le Vivant non humain qui a souffert de nos croissances au cours de ces derniers millénaires. Il est temps d'éponger une partie de la dette colossale que nous avons contractée envers les écosystèmes qui favorisent la régénérescence de la vie sur Terre, au même titre que l'ensemble des êtres qui partagent notre vaisseau spatial dont nous avons pourtant accaparé les ressources et les richesses. Et je dis bien «une partie» car nous partons de tellement loin (tant au niveau de la connaissance de l'ampleur des dégâts qu'en termes d'acceptation de notre responsabilité vis-à-vis de ces derniers) que la tâche semble presque hors de notre portée. Pourtant, c'est le défi de notre époque: passer du pillage de ce que l'on considère comme de simples ressources à la régénérescence du Vivant avec respect et humilité. Et c'est ce changement de paradigme qui nous fera changer d'ère. Nous ne pourrons réellement nous targuer d'être des «homo sapiens sapiens», des hommes modernes autoproclamés doublement sages, que lorsque nous honorerons enfin la dernière volonté de Robert Baden-Powell, ce militaire britannique fondateur du scoutisme, qui, dans un ultime message envoyé aux scouts à travers le monde, disait: «Essayez de laisser ce monde un peu meilleur qu'il ne l'était quand vous y êtes venus et quand l'heure de la mort approchera, vous pourrez mourir heureux en pensant que vous n'avez pas perdu votre temps et que vous avez fait de votre mieux.»

Le défi de notre époque: passer du pillage à la régénérescence du Vivant

Agir demande d'abord d'accepter courageusement et humblement la gravité de notre déroute collective. Nous ramenons souvent le débat écologique à la question climatique et à ses émissions de gaz à effet de serre – un enjeu majeur, bien sûr, mais cela ne représente qu'une partie seulement des dérèglements dus aux activités humaines. Et si nous devions proposer un classement macabre de nos destructions, les rejets de CO_2 dans l'atmosphère feraient pâle figure comparés à la dégradation des sols, à l'effondrement de la biodiversité ou encore à la raréfaction de l'eau.

NOUS SOMMES EN TRAIN DE GAGNER NOTRE GUERRE CONTRE LE VIVANT

Le nouveau rapport « Planète Vivante » publié par WWF n'est pas bon.

-69 %

des espèces de vertébrés sauvages sur la Terre ↘ depuis 1970

- 83 %
les populations d'espèces d'eau douce ont connu le plus grand déclin à l'échelle mondiale

L'Amérique latine présente le plus grand déclin régional de l'abondance moyenne des populations de vertébrés sauvages avec le chiffre record de

94 %

La forêt amazonienne est grandement menacée

- 17 % de l'étendue originelle de la forêt

Nous nous approchons dangereusement d'un point de bascule au-delà duquel notre plus grande forêt tropicale humide ne fonctionnera plus.

Tous ces bouleversements sont dus principalement à

- l'utilisation des terres et mers par les humains ;
- la hausse des températures dans certaines zones ;
- la surexploitation, la surpêche et la chasse des espèces ;
- les substances toxiques dues aux pesticides, engrais, microplastiques ;
- et enfin les espèces invasives à cause desquelles certaines espèces locales disparaissent car elles se retrouvent en compétition pour les mêmes ressources et les mêmes endroits.

La bonne idée pour déjouer les pires pronostics : redonner du leadership aux peuples autochtones en matière de techniques de conservation.

Le Vivant a tellement été classé dans la catégorie des ressources que nous l'imaginons à notre disposition, comme n'importe quel objet dans nos placards ou dans les rayons de nos magasins, en quantité infinie. Il est consubstantiel à tout ce qui constitue nos vies mais nous ne le voyons plus. Nous y sommes liés, que nous le voulions ou non, mais nous ne questionnons ni ne considérons plus l'impact de nos activités et modes de vie sur ce que nous appelons, avec mépris, « environnement ».

Si nous souhaitons mettre nos métiers au profit de nouvelles abondances, notre première tâche serait sans doute, paradoxalement, de projeter ce futur quotidien professionnel (ou de le scanner à la loupe pour celles et ceux qui sont déjà entrés dans la vie active), ses missions et ses objectifs, pour enfin considérer nos impacts sur le Vivant, négatifs comme positifs. L'exercice nécessite une sacrée dose d'humilité et de lucidité, mais aura le mérite de nous faire sortir des faux-semblants. Car nous ne vivons pas hors sol, et nous ne travaillons pas hors sol non plus.

Car nous ne vivons pas hors sol, et nous ne travaillons pas hors sol non plus.

Pour certains, une bonne surprise est peut-être au rendez-vous. En nettoyant, en optimisant, en partageant, en référençant, en montrant, en plantant, en protégeant, etc., vous participez à votre échelle à ce que le Vivant ne soit pas qu'une simple externalité. Bravo ! Vous pouvez être fier de vos engagements et si vous ne le faites pas déjà, dites à vos proches, sans fanfaronnade mais avec tout le sentiment d'accomplissement que cela engendre, à quel point votre travail vous permet de vous épanouir « en mettant la main au Vivant ».

Pour d'autres, le constat peut être plus rude. Et sans vouloir nous absoudre de tous nos péchés, apprécions plutôt ce bilan à sa juste valeur : non pas comme une sur-reponsabilisation qui ferait de l'individu le responsable d'un système malade, mais plutôt comme un révélateur de la relation désastreuse que nous entretenons actuellement avec le reste de la vie sur Terre et donc, *a fortiori*, avec nous-mêmes, dans les multiples dimensions de notre être.

On voit d'ailleurs l'éco-anxiété toucher une partie croissante de la population française, notamment les jeunes, et ce mal risque très probablement de se déployer plus largement dans les années à venir avec l'accélération des catastrophes naturelles et de son lot de souffrances, mais aussi de colère au regard de notre inaction climatique qui a déjà trop duré. Mais ce n'est pas une faiblesse. Au contraire, être éco-anxieux est une preuve de notre lien au reste du Vivant. Comment ne pas être affectés face à tant de dégâts, d'ignorance, de douleur, de pertes ? Le terme d'éco-anxiété est-il d'ailleurs vraiment pertinent ? On entend désormais parler « d'éco-colère » ou « d'éco-détermination », des expressions qui semblent davantage mobilisatrices. Quoi qu'il en soit, si nous nous formons et nous outillons, au niveau individuel comme au niveau collectif, pour accompagner toutes les personnes concernées par ce que certains experts qualifient de « nouveau mal du siècle », alors notre société peut prendre un tournant majeur. Et pour le meilleur. Car l'éco-anxiété se combat par l'action, l'entraide, l'écoute, la contemplation et l'amour... Autant de valeurs qui seront les piliers des mondes de demain.

Au contraire, être éco-anxieux est une preuve de notre lien au reste du Vivant.

Ouvrir les yeux, je dirai même « cesser de s'aveugler », est donc le point de départ obligatoire pour changer nos pratiques et rejoindre le camp des travailleurs du Vivant. Il va donc falloir faire usage de l'entièreté de nos aptitudes critiques et de notre volonté de discernement car c'est une expédition au long cours et la tâche s'annonce ardue. En effet, si l'intérêt de certains métiers saute aux yeux, il conviendra tout de même d'accorder une profonde réflexion à ce qui a vraiment du sens au regard des enjeux de notre époque et d'oser, par la même occasion, déconstruire certaines évidences en ce qui concerne les métiers qui seraient vertueux.

AGIR OU NE PAS AGIR, TELLE EST LA QUESTION

Nous avons tous remarqué lors des confinements successifs vécus ces dernières années que le fait de nous barricader dans nos logements a immédiatement eu un effet positif sur les autres espèces. Moins de bruit, moins de pollution et surtout plus de place pour nos « voisins sauvages », qui ont pu repousser pendant quelques semaines les frontières de leurs territoires faméliques. D'où ce constat sans appel: le Vivant a besoin de place. S'en ensuit cette question: si nous voulons contribuer à la régénération du Vivant, quelle est la meilleure posture à adopter? L'action en faveur de ce dernier ne serait-elle pas une énième preuve de l'hubris qui sait envoûter l'être humain persuadé de son pouvoir sur toutes choses et en tous lieux? Ne devrions-nous pas laisser respirer ce monde en mettant un terme à notre sens de la démesure? Inspirée par le « non-agir » cher à la philosophie taoïste (concept qui est en réalité mieux traduit par l'expression paradoxale « agir sans agir »), l'humanité se dépouillerait de l'orgueil qui caractérise notre modernité chaotique, en faisant de la place, tout simplement. Ralentir, nous replier ou ne rien faire, même si cela paraît contre-intuitif, pourraient-ils être nos meilleurs outils pour œuvrer à ce que la biodiversité reprenne des couleurs et que les équilibres du système Terre se rétablissent?

Tarik Chekchak

ingénieur écologue de formation et directeur du pôle biomimétisme de l'Institut des Futurs souhaitables

Pourquoi es-tu fasciné par le Vivant ?

Je dirais que, comme pour beaucoup de gens, cela a commencé quand j'étais tout petit. Mes parents m'ont raconté que mon plus grand plaisir était de me fondre dans une forêt, même tout petit, sans en avoir peur d'ailleurs. J'allais la nuit en forêt et j'adorais « disparaître » jusqu'à ce que les animaux ne me remarquent même plus. Et je voyais ces animaux sauvages passer à côté de moi. C'était un grand kif, mais vraiment un immense kif.

C'est aussi une histoire de rencontres. Le côté humain est très, très important : j'avais un oncle qui était un pêcheur du week-end et j'allais souvent avec lui en Méditerranée ; et une de mes tantes était l'une des premières ingénieures forestières d'Afrique du Nord et j'ai passé une partie de mon enfance en Algérie. J'ai eu la chance d'y découvrir des écosystèmes absolument incroyables avec mon travail. Des îles subantarctiques à l'Antarctique en passant par le Groenland, l'Arctique canadien, les déserts chauds, les coraux de la mer Rouge en Afrique et l'Amérique latine… Vraiment une quantité d'endroits que beaucoup rêvent de voir et j'ai eu cette chance.

Quand on croise le chemin d'un ours blanc, quelque chose d'extrêmement intéressant se passe en soi. C'est l'humilité qui revient – c'est aussi le cas quand on s'approche d'un front glaciaire où il risque d'y avoir des chutes de glace. On a longtemps craint la nature, on l'a beaucoup observée ; je dirais que tout cela a participé au fait que je me suis rendu compte que l'on doit y apporter beaucoup plus d'attention et faire preuve de beaucoup plus d'empathie à son égard. C'est ce qui nous permettra de cultiver de nouvelles façons de nous relier au Vivant.

Le biomimétisme selon le centre d'études et d'expertises dédié au déploiement du biomimétisme en France (Ceebios)

Le biomimétisme représente une opportunité inédite d'innovation responsable: s'inspirer du Vivant et tirer parti des solutions et inventions qui y sont produites, éprouvées par 3,8 milliards d'années d'évolution. Cité en France dès 2007 comme l'outil de la prochaine révolution industrielle, le biomimétisme associe innovation et responsabilité sociétale, puisqu'il repose sur l'étude des systèmes naturels pour créer de nouveaux produits, services et modèles d'organisation durables. Les champs d'application sont nombreux:

– produire de l'énergie en imitant le processus de photosynthèse;

– créer des matériaux comparables au verre ou au béton sans avoir à utiliser autant d'énergie ni autant de ressources;

– stocker des données en s'inspirant de l'ADN...

Pourquoi le biomimétisme implique-t-il d'adopter une posture d'humilité face au reste du Vivant ?

Si je prends la métaphore d'un bon vin, au tout début, tu ne vas pas en distinguer les subtilités. Et puis quelqu'un va t'enseigner quelque chose, ou tu peux aussi l'acquérir par ta propre expérience. Par exemple, en observant tout simplement, tu découvres des choses que tu n'avais pas remarquées avant. Avec le Vivant, c'est la même chose: en restant à l'affût, tu verras des animaux venir à différentes heures de la journée, se comporter d'une certaine façon, et tu augmenteras ta connaissance et donc aussi ton empathie.

En tout cas, c'est ainsi que cela s'est passé pour moi et que cela continue de se passer.

Et puis, à un moment donné, un truc bizarre se produit. J'ai découvert toute la dynamique du temps profond. Le Vivant, ce sont 3,8 milliards d'années de plein d'histoires, en fait, avec des moments où il y a eu des révolutions évolutives, plein d'espèces qui sont apparues, puis des moments où des catastrophes incroyables se sont produites, avec des disparitions parfois de près de 90 % de la biodiversité. Et pourtant, ça redémarre, ça prend cinq, dix, quinze millions d'années, mais ça redémarre. Et là, tout à coup, j'ai réalisé qu'il ne s'agissait pas tellement de sauver la vie sur Terre. C'est faire preuve d'une arrogance incroyable que de croire que nous, les humains, sommes capables de détruire la vie sur Terre.

En revanche, la vraie question est la suivante : l'homme mérite-t-il vraiment, profondément, ce qualificatif de « sapiens sapiens », c'est-à-dire « doublement intelligent », alors que nous sommes une espèce qui détruit l'environnement dont elle dépend ? C'est vraiment complètement illogique. Mais nous avons aussi une capacité particulière parce que, dans la toile de la vie, nous sommes une espèce vivante parmi les vivants qui a la capacité de s'interroger sur sa place dans le monde. C'est une possibilité unique qui peut nous permettre de cultiver un lien du cœur, un lien empathique avec le reste du Vivant.

Pourquoi dis-tu que « le biomimétisme est un accélérateur d'innovations à haute valeur ajoutée en responsabilité sociale et environnementale » ?

J'ai le sentiment très profond qu'on vit un peu une période comparable à celle de la Renaissance, à la fin du Moyen Âge. À l'apparition de l'humanisme, des guerres de religion faisaient rage entre catholiques et protestants. Au même moment, on pratiquait l'esclavage, on orchestrait la destruction terrible des Amérindiens, etc. Et pourtant des hommes tels Michel-Ange ou De Vinci ont permis de faire advenir une nouvelle ère, même si on se rend compte que ce n'est que parfois, cent cinquante ou deux cents ans plus tard, que ces mutations porteront leurs fruits.

Par rapport à la relation au Vivant et à la biologie, on est peut-être dans quelque chose du même style et à mon avis, c'est cela qui est au cœur de cette tentative, en plein chaos, de passer à une autre étape de notre humanité. Face au dérèglement climatique, face à la destruction de la toile de la vie, face à la perturbation des cycles de l'eau, nos frontières humaines ne tiennent plus. Je pense effectivement que le biomimétisme est très intéressant pour accélérer notre transition souhaitable car au lieu de partir un petit peu à tâtons, comme c'est parfois le cas en recherche et développement, on peut s'appuyer sur des espèces, des écosystèmes qui sont le résultat de centaines de millions d'années d'évolution. C'est par exemple le cas des requins qui n'ont pas vraiment beaucoup changé de forme depuis – pour certains d'entre eux – des dizaines, voire des centaines de millions d'années. Et ils sont passés à travers des tas de changement. Et pourtant, ils sont toujours là. Donc il y a d'incroyables modèles autour de nous qui peuvent donner des tas de solutions, dont certains que j'adore. Par exemple, si tu veux faire du verre actuellement, tu as besoin de mille deux cents degrés Celsius, voire plus. Or il existe une éponge marine, ou même des diatomées, des petites algues marines, qui font des squelettes du verre le plus fin dans de l'eau à température ambiante. Là, tu te rends compte que tu as la possibilité de passer du feu à l'eau. Quel merveilleux symbole, quasiment alchimique! En se posant les bonnes questions en étudiant ces modèles, plusieurs chercheurs ont réussi à synthétiser du verre dans de l'eau avec une dépense énergétique radicalement différente. Il y a aussi l'exemple de la moule qui est capable de s'accrocher dans des conditions incroyables avec une colle qui ne dégage aucun polluant. Une entreprise s'en est inspirée pour mettre au point des colles pour contreplaqué marin, entre autres, qui ne dégagent aucun polluant; en plus, cette entreprise utilise l'économie circulaire avec des déchets de l'industrie du soja. Bref, autant de preuves que, quand on se pose les bonnes questions, on trouve des réponses incroyablement intelligentes, optimales notamment en ce qui concerne la consommation d'énergie ou le type de matériaux.

Quels sont les signaux faibles de cette influence du biomimétisme sur la création de nouveaux métiers ?

Dans certains métiers, on va essayer de remplacer des matières polluantes par d'autres. Les plastiques, bien sûr, on en parle beaucoup; mais il y a aussi le cuir, avec tous les enjeux liés à la souffrance animale. Et on voit de plus en plus de designers, d'ingénieurs qui développent, qui «cultivent» même de nouveaux types de matériaux, par exemple à partir de bactéries ou de mycélium de champignon pour remplacer le polystyrène. On assiste à l'émergence de ce nouveau métier qu'on pourrait appeler «matériauculteur», qui consiste à utiliser le Vivant mais aussi des déchets, par exemple alimentaires ou de certaines industries agroalimentaires, pour en faire des ressources. On peut donc utiliser des champignons pour obtenir une forme de cuir qui remplace le cuir animal, mais aussi pour créer du packaging complètement compostable et avec une empreinte environnementale potentiellement même positive. De plus en plus de propositions de ce genre émergent. Cela reste des signaux faibles, mais je fais le pari que ce sont des métiers qui vont apparaître très bientôt.

Le métier de bioéthicien permet déjà de faire le pont entre la biologie et différents métiers. C'est un métier qui apporte aussi une sorte de maïeutique, c'est-à-dire l'art de se poser des questions. Il ne s'agit pas forcément de biologistes chevronnés, mais plutôt de personnes qui ont une appétence très forte pour le Vivant, une sorte de «culture générale du Vivant». Et ces bioéthiciens vont servir de traducteurs entre les professionnels et le Vivant avec ses infinies capacités. C'est déjà le cas avec le milieu de la cosmétique ou bien des infrastructures énergétiques pour les énergies renouvelables. Et ça, c'est possible grâce à ce métier de passeur.

Et puis, sans parler de nouveaux métiers, il y a aussi des personnes qui font des métiers plus «classiques» mais qui les transforment car elles ont une fascination personnelle pour le Vivant. J'ai par exemple rencontré des ingénieurs qui sont aussi des ornithologues amateurs, donc fascinés par plein de questions relatives au Vivant et qui, pour leurs travaux, vont s'inspirer d'un vol d'étourneaux ou d'une corbeille de Vénus (des éponges siliceuses marines d'eau profonde) ou même d'un os humain.

Quels cursus permettent déjà de se former à ces enjeux et à ces pratiques ?

Tout cela est en pleine évolution, en pleine émergence, mais on peut en citer quelques-uns. En ce qui concerne les formations longues en France :

- L'ENSCi les Ateliers, une école de design à Paris, propose une formation sur le design bio-inspiré.
- L'université de Pau propose un master sur les matériaux bio-inspirés.

Il existe également des formations plus courtes :

- L'Institut des Futurs souhaitables, dont je fais partie, a lancé une FocusLab sur le biomimétisme qui dure cinq jours.
- Un partenariat entre l'Institut des Futurs souhaitables et le Centre européen d'excellence en biomimétisme, que j'ai participé à fonder, propose une formation qui se concentre pendant deux jours sur les projets urbains bio-inspirés.

Certaines écoles proposent aussi des modules de temps en temps, comme l'école des Mines ou l'école Polytechnique, y compris d'ailleurs de plus en plus dans les sciences de gestion ou de l'économie. J'ai eu l'occasion de participer à pas mal de ces modules, qui sont comme des fenêtres ouvertes pour les élèves.

Enfin, le site web du CEEBIOS (ceebios.com) propose une synthèse des formations au biomimétisme en Europe qui est téléchargeable gratuitement.

Le Vivant est une formidable source d'inspiration. La posture même de contemplation qu'il provoque chez celle ou celui qui réussit à s'extraire, ne serait-ce que pour quelques minutes ou quelques heures, de la frénésie de son agenda, est une réponse en soi. L'hyperactivité, le contrôle, la hiérarchisation ne font pas partie du fonctionnement du Vivant qui prend son temps, respecte les rythmes de chacun et fait de ses interdépendances des forces. Aujourd'hui, des dirigeants d'entreprises tentent de s'inspirer de ces principes dans l'optique de casser les codes de l'entreprise « classique ». C'est notamment le cas avec les promoteurs de « l'entreprise libérée », une forme organisationnelle théorisée par l'auteur et conférencier Isaac Getz dans laquelle les salariés sont libres et responsables d'entreprendre les actions qu'ils jugent bonnes pour l'entreprise. Et ça marche ! À l'image des vêtements Gore-Tex, des biscuits Poult, des portails Lippi ou encore de la plateforme culturelle de vente en ligne Recyclivre, certaines entreprises ont su créer les conditions du bien-vivre en changeant la nature des relations en entreprise.

Le Vivant est une formidable source d'inspiration.

Cette envie de retrouver un fonctionnement et un rythme plus sains se retrouve tout autant dans le concept des entreprises « *slow* » qui fait des émules partout dans le monde. D'abord diffusé aux notions d'alimentation avec la *slow food*, de voyage avec le *slow tourism*, ou de mode avec la *slow fashion*, le mouvement *slow life* trouve une résonance croissante dans nos entreprises où la vitesse a été érigée comme ligne de conduite. Alors que la réactivité, la rapidité et la disponibilité sont des qualités souvent portées en étendard, qu'il s'agisse des entretiens d'embauche, des réunions managériales ou des points mensuels, de plus en plus de structures décident de prendre le contre-pied de cette surenchère dans la gestion du temps. Dans ce domaine comme dans les autres d'ailleurs, le slow ne consiste pas à faire les choses lentement, mais plutôt à prendre le temps de les faire correctement en y accordant le délai qu'elles méritent. Ce modèle permet de questionner autant les rythmes de production que la nécessité même de sortir un nouveau produit dont le besoin ne serait pas vital mais imposé par une dynamique de croissance perpétuelle intenable. Il pousse même le curseur plus loin encore en ne se contentant plus de mesurer la seule performance de l'entreprise grâce au chiffre d'affaires, mais également selon des critères sociétaux et environnementaux.

C'est une proposition qui rejoint ce que certains appellent « la comptabilité triple-capital » et que d'autres nomment « la triple empreinte ». Cette logique constitue un moyen qui permettrait enfin de mesurer l'impact complet des entreprises, à savoir économique, social et environnemental, pour mieux valoriser ce qui mérite vraiment d'être en croissance. Il faut dire que pour les entreprises, la réalité passe fatalement par les cases d'un tableau Excel. Le chiffre est à la fois le langage mais aussi la boussole et le mètre ruban du dirigeant : ROI,

Capex, Ebitda, etc. sont autant d'outils chiffrés censés donner une idée de la santé de l'organisation, de son efficacité, de ses potentialités aussi. Et c'est à la lumière de ces indicateurs chiffrés que sont prises les décisions stratégiques qui détermineront l'avenir à plus ou moins long terme de chaque entreprise, de ses salariés, et de son projet pour la société. Pourtant, j'affirme que la plupart des comptables, financiers et grands dirigeants ne savent en réalité pas vraiment compter, ou du moins pas ce qui compte vraiment.

C'est ce que rappelle Hélène Le Teno qui a œuvré à démocratiser ce système comptable quand elle travaillait pour Fermes d'Avenir. Dans une interview pour le magazine en ligne *Graines de Mane*, elle partage son expérience en ces termes: «La comptabilité n'est pas qu'une histoire de chiffres, elle est aussi politique. Pour gérer son entreprise agricole dans la durée et la faire évoluer, il est central de disposer des bons indicateurs. Au sein de Fermes d'Avenir, nous avons travaillé sur la comptabilité en triple capital: comment, à l'échelle d'une ferme, peut-on préserver à la fois le capital financier, naturel et humain? (...) Dans un principe de durabilité forte, il est indispensable de maintenir séparément des niveaux satisfaisants des trois capitaux qui ne sont pas substituables entre eux, sous peine de créer une impossibilité de produire. Par exemple, on a beau avoir investi dans le plus beau des tracteurs, si le carburant qui le fait avancer devient une ressource limitante ou onéreuse, on aura du mal à produire. Une comptabilité en triple capital permet donc d'intégrer la nécessaire préservation de la ressource pour évaluer la pérennité des activités de production. Cela permettrait, par exemple, d'afficher dans le bilan comptable d'une ferme l'état des sols ou de la biodiversité qui sont autant de ressources garantissant la capacité de la ferme à produire sur le long terme et donc à rémunérer ceux qui cultivent.»

Donner de la valeur non pas pour mieux vendre mais pour mieux protéger.

Donner de la valeur non pas pour mieux vendre mais pour mieux protéger. Pour valoriser ce qui sera aussi régénéré par les entreprises qui peuvent (et doivent) sortir de leur rôle destructeur. À ce titre, les utopistes sont chaque jour plus nombreux à proposer d'autres voies pour notre humanité. Des destinées dans lesquelles les entreprises jouent une partition cruciale. Force est de reconnaître que la période est bancale car si certaines initiatives locales font chaque jour un peu plus la preuve de leur pertinence pour allier solidarité et durabilité, nous avons encore du mal à voir émerger une vraie proposition systémique qui ferait sens à une échelle nationale, voire internationale. L'exploration locale est en tout cas lancée.

À Nantes, une «fabrique de transformation écologique de l'économie» s'est constituée pour proposer aux entreprises d'aller plus loin et de ne pas se contenter de faire «le moins de mal possible». Entrepreneurs, designers, artistes, indépendants, paysans, salariés en conversion œuvrent à contribuer, au sein d'Open Lande, à l'émergence d'une économie qui serait régénérative: «Réparer la Terre est un beau métier.» Ils en sont persuadés, ces nouvelles organisations régénératives pourraient, en se fondant sur une vraie planification, trouver un équilibre qui reposerait sur quatre éléments cardinaux:

→ la décarbonation des chaînes de valeur, c'est-à-dire réduire les émissions de gaz à effet de serre liées à l'industrie, l'agriculture, le transport, etc.;

→ la restauration de la biodiversité et le développement des puits de carbone (comme les forêts, les tourbières ou les prairies, qui ont la faculté d'absorber le carbone atmosphérique);

→ la circularisation forte des ressources non renouvelables;

→ le respect des droits humains et la création d'emplois porteurs de sens et de dignité.

De son côté, l'environnementaliste et spécialiste de l'économie symbiotique Isabelle Delannoy démontre à quel point rétablir les connexions entre l'humain et le reste du Vivant, tout en tirant parti du meilleur de ce que la nature peut offrir pour le mettre au service du plus grand nombre, est un horizon à portée de main. Pour illustrer cette idée, Isabelle Delannoy prend l'exemple des «jardins de pluie», un système alternatif de gestion des eaux de ruissellement urbain. Alors qu'elles sont aujourd'hui redirigées vers des égouts, les eaux de pluie seraient ainsi orientées vers le sous-sol, naturellement riche en nappes phréatiques. Plus besoin de réseaux de tuyaux, de fossés, de chaussées réservoirs ou encore de puits d'infiltration pour organiser toute la logistique de la circulation de l'eau. «Grâce aux jardins de pluie, on recharge les nappes en respectant leur cycle», explique l'auteur de *L'Économie symbiotique: régénérer la planète, l'économie et la société* (Actes Sud, 2017) au sujet de ces infrastructures vertueuses qui, en plus, permettent «de lutter contre les îlots de chaleur».

Avant-gardistes en France, la Région Occitanie, les agences de l'eau et l'Office international de l'Eau (OiEau) sensibilisent depuis 2021 à ces pratiques plus durables qui s'inscrivent dans la lignée des *rain gardens* déployés dans les années 1970 à 1990 dans certaines villes américaines, et dont les effets positifs sont désormais bien visibles. C'est le cas de Portland, où les émissions de gaz à effet de serre ont baissé de 40 % depuis 2007, malgré l'augmentation continue de sa population. Voilà l'objectif d'Isabelle Delannoy: montrer le point commun entre ces pratiques régénératrices. Car elles sont toutes fondées sur la diversité et les interactions: «Nous avons là une économie complète qui est apparue et qui s'appuie sur la symbiose, c'est-à-dire le mécanisme le plus puissant du Vivant.»

LA NATURE A-T-ELLE UN PRIX ?

970 euros par an

la valeur moyenne d'un hectare de forêt métropolitaine

2009, Centre d'analyse stratégique français

entre **153** et **422**

milliards d'euros pour la valorisation de la pollinisation par les insectes à l'échelle mondiale

2016, Fondation pour la recherche sur la biodiversité

La plupart des chaînes de relation des écosystèmes restent trop complexes pour être traduites en monnaie sonnante et trébuchante. Pour autant, tâchons, de peser les « pour » et les « contre » d'une telle stratégie :

POUR

Aujourd'hui, les terres cultivées valent plus que les prairies, qui valent plus que les forêts. Mais si on intègre les services rendus (captation de CO_2, filtration de l'eau, pollinisation des plantes, etc.), cette hiérarchie peut s'inverser.

En attribuant une valeur aux dommages infligés à la nature, il devient possible d'avoir une idée des conséquences de l'altération d'un espace naturel donné, afin de faire payer le coût de sa détérioration à ceux qui en sont responsables.

Cela permettrait d'évaluer le coût de notre paralysie et valoriser les pertes colossales liées au dépassement des limites planétaires et à ses conséquences sur le fonctionnement des écosystèmes qui seront profondément altérés.

Donner un prix aux services écosystémiques rendrait possibles pour les entreprises régénératives la mesure et la mise en avant de leurs impacts positifs sur le Vivant dans des rapports financiers et comptables.

CONTRE

Comment estimer vraiment la juste valeur de la nature ? Il faudrait prendre en compte la perte des services rendus mais aussi la valeur récréative de l'espace naturel (quel prix donner à une balade en nature, une heure de surf en mer, etc.) ou encore les coûts de remplacement « à l'identique » par l'intervention humaine si c'est possible (une forêt replantée par la main de l'être humain ne vaudra jamais, tant au niveau de sa richesse que de sa complexité, une forêt de plusieurs milliers d'années partie en fumée).

Cela risque de pousser encore plus le curseur de la propriété privée. La nature serait découpée en « ateliers fonctionnels » produisant chacun un service mesurable et monnayable.

La nature a une valeur par ce qu'elle est et pas seulement pour les services « gratuits » qu'elle rend aux humains. Le fait de lui donner une valeur économique continue à propager une vision anthropocentrée mais aussi utilitariste.

Peut-on exploiter la nature et la préserver en même temps ?

Cette manière de traiter la nature comme un objet reflète le problème de positionnement de l'humanité vis-à-vis du reste du Vivant. Plutôt que de nous penser au-dessus d'elle, nous devrions en faire une « alliée » avec laquelle nous établirions des échanges et des pactes. Ce changement de paradigme nous pousserait à ne plus « préserver » mais bien à « prendre soin », avec tout le respect qui incombe à ces écosystèmes millénaires ultra-complexes dont nous ne connaissons encore pas grand-chose. Le philosophe Baptiste Morizot parle même d'une « cohabitation diplomatique avec le Vivant ». Une cohabitation fragile mais respectueuse dont nos interdépendances seraient la clé de voute.

Je suis...

AGRICULTRICE URBAINE

Ophélie Damblé, fondatrice de Ta Mère Nature à Pantin

La nature sera toujours là pour prendre le dessus.

MON MÉTIER

Je produis des plantes comestibles dans ma pépinière à destination des gens qui souhaitent végétaliser leur balcon, leur terrasse, leur jardin partagé, leur rond-point... J'initie aussi celles et ceux qui le souhaitent au jardinage via des ateliers, et communique sur plein de supports différents (livres, conférences, vidéos, réseaux sociaux...) à propos de la nature en ville.

MA SEMAINE TYPE

Mes journées de travail s'adaptent à la météo, aux saisons... et aux tâches à réaliser. J'ai les mains à la fois dans la terre et sur mon clavier d'ordinateur ou mon portable. J'alterne semis et tournages, préparation de commandes, accueil de mes participants aux ateliers, la récolte de graines... Chaque jour est une nouvelle aventure ! Et c'est aussi beaucoup de responsabilités : celle de ne pas faire mourir mes bébés plantes en les protégeant des maladies, des ravageurs, en les arrosant comme il faut... Mais je suis aussi responsable de mes propres revenus, donc c'est toujours un savant équilibre de multiplier les sources de rémunérations entre les ateliers, ventes de plants, conférences, opérations *influencing*... Et cela aussi, c'est une activité qui évolue en fonction des saisons !

COMMENT FAIRE POUR TRAVAILLER DANS CE SECTEUR ?

On peut se former sur la paysannerie au choix *via* un cursus diplômant ou bien « sur le tas » en multipliant les expériences. En ce qui me concerne, je suis passée par des formations, des stages chez des maraîchers et du *wwoofing*.

Il y a deux livres que je recommande souvent pour trouver la voie la plus pertinente quand on veut se lancer dans ce domaine :

→ *Devenir paysan – Reconversions professionnelles vers l'agriculture*, d'Hélène Bustos, Mickaël Correia, Sylvain Pechoux et Dominique Sinner, Les champs des possibles, 2016.

→ *Créer sa micro-ferme – Permaculture et agroécologie*, de Linda Bedouet, Rustica, 2017.

LES QUALITÉS NÉCESSAIRES

Être extrêmement polyvalent, curieux, humble et endurant physiquement.

→apprendre←

L'agriculture urbaine, un levier de résilience alimentaire

L'agriculture urbaine est née en période de crises. Dans les périodes de rupture des cycles d'approvisionnement, les urbains ont commencé à cultiver les fruits, les légumes et les végétaux aux abords des villes. À Paris par exemple, au XIXe siècle, les habitants étaient principalement nourris par une zone maraîchère située entre Aubervilliers et La Courneuve. Ça, c'est de la consommation locale !

MA CONTRIBUTION AUX 2030 GLORIEUSES

Pour faire face à ce qui nous attend, je pense qu'il va falloir ne pas oublier de s'amuser. Et puis forcément, il faut recréer du lien avec le Vivant. Mon discours est qu'il ne faut pas hésiter à « se planter ». Certes, il ne suffit pas de manger bio pour sauver la planète, mais chaque petit acte peut tout même entraîner des conséquences significatives à différentes échelles : sur soi, ses proches, puis sur la société tout entière.

POURQUOI CE MÉTIER EST-IL SOURCE DE BONHEUR ?

Parce qu'il me donne l'impression d'exercer quinze métiers en même temps ! C'est ce qui me stimule, et qui me fait apprendre de nouvelles compétences chaque jour. Je suis heureuse de contribuer à quelque chose de très important : la réappropriation de savoirs et savoir-faire autour du jardinage, et donc de l'autonomie alimentaire. En ville, nous sommes très exposés à ces enjeux ; cela me paraît encore plus indispensable de faire quelque chose ici !

En chiffres

>> Selon l'Organisation pour l'alimentation et l'agriculture, les jardins potagers urbains peuvent être jusqu'à quinze fois plus productifs que les exploitations des zones rurales.

>> Il y aurait environ 400 fermes urbaines en France.

>> Rémunération mensuelle : 1 900 euros brut par mois.

En bonus

Retrouvez l'interview d'Ophélie dans le podcast 2030 Glorieuses

www.lienmini.fr/62639-17

Je suis...

BERGER URBAIN

Bastien Massias, salarié de La Bergerie Urbaine à Lyon

C'est vraiment drôle de voir la tête des automobilistes quand les moutons traversent sur les passages piétons.

MON MÉTIER

Je suis agriculteur urbain, c'est-à-dire que je travaille pour faire vivre une ferme en ville. En l'occurrence, je m'occupe d'un troupeau de moutons.

MA SEMAINE TYPE

Je m'occupe des animaux et de nos sites de pâturage, là où résident les moutons. Je surveille leur état de santé, la quantité d'herbe disponible, prépare les espaces de pâturage et vérifie qu'il n'y ait aucun problème pour la sécurité et le bien-être des animaux. Tout au long de l'année, des tâches de terrain sont indispensables au bon fonctionnement de l'élevage : la production de foin pour l'hiver, la tonte de la laine, la gestion des naissances, les soins.

Il faut également gérer les tâches administratives et commerciales, préparer les projets et développer un réseau de partenaires (épiceries, restaurants, institutions agricoles, partenaires publiques...). De plus, je travaille au sein de La Bergerie Urbaine qui est une association. Nous œuvrons donc avec des bénévoles qui participent aux activités en échange d'une partie des productions. Cela demande une certaine organisation collective, qui est une part importante de mon travail. Enfin, nous réalisons des animations pédagogiques qui consistent à déplacer les moutons en ville, à pied, d'espaces naturels en espaces naturels. L'objectif est de donner une valeur agricole à ces espaces et de rencontrer les habitants. Cela permet de créer du lien social et de sensibiliser aux enjeux agro-environnementaux.

COMMENT FAIRE POUR TRAVAILLER DANS CE SECTEUR ?

Le métier de berger urbain est récent, il n'y a donc pas encore d'études dédiées. Le fait d'être situé en ville permet de réaliser des activités variées sortant du domaine agricole (animations, pédagogie...). On peut donc être issu d'une formation agricole ou bien d'autres cursus (ESS, écologie...). Il est cependant primordial de se former aux tâches agricoles. Cela peut se faire sur le terrain grâce au *wwoofing*, au bénévolat ou à des stages au sein de fermes rurales.

LES QUALITÉS NÉCESSAIRES

Il faut oser créer une relation particulière avec l'animal. Pendant la période des naissances, on aide les mères. Nous avons un rapport de proximité très fort.

Comme chez les humains, les individus sont très différents. Certains sont timides, d'autres moins. C'est une question de personnalité, autant chez les moutons que chez les bergers. Observer les animaux, entrer en relation avec eux, c'est le cœur du métier de berger, urbain ou non.

→apprendre←

Environ 200 bergers urbains partout en France

Le métier de berger urbain a la cote. En région parisienne, le retour des moutons s'est fait par l'éco-pâturage dès 2012 à Cergy-Pontoise. Aujourd'hui, on voit des troupeaux de moutons brouter dans des endroits pour le moins inattendus : dans les douves du château de Dieppe, dans les jardins des lycées et des hôpitaux de Seine-Saint-Denis, ou même sur les pelouses d'un stade de foot et d'un golf en Haute-Savoie !

MA CONTRIBUTION AUX 2030 GLORIEUSES

Je m'attelle à dépasser notre système actuel de plusieurs manières : en proposant des alternatives au modèle agricole dominant ; en réfléchissant à une autre manière de produire et consommer de la viande ; en participant à préserver des hectares de terres agricoles en milieu urbain ; en apportant un nouvel imaginaire urbain et en sensibilisant des personnes déconnectées des réalités agricoles.

POURQUOI CE MÉTIER EST-IL SOURCE DE BONHEUR ?

En premier lieu, il y a le contact quotidien avec les animaux et le Vivant dans son ensemble (la faune, la flore, la vie du sol). La relation avec les habitants est également source de bonheur. Les moutons en ville sont une réelle fabrique à sourires. Enfin, le fait de travailler de manière collective donne du sens à mon métier. Je suis fier d'incarner une nouvelle forme d'agriculture tout en perpétuant des gestes ancestraux qui nous nourrissent depuis des millénaires.

En chiffres

>> Dans les dix ans, 50 % des actuels bergers devraient partir à la retraite, obligeant la filière ovine française à trouver 10 000 nouveaux éleveurs.

>> Né en Asie Mineure, le métier de berger est vieux de 10 000 ans.

>> Salaire mensuel : 1 550 euros brut, le projet en est à ses débuts.

En bonus

Retrouvez l'interview de Bastien dans le podcast 2030 Glorieuses

www.lienmini.fr/62639-18

Je suis…

CRÉATEUR DE FORÊT

Baptiste Trény, fondateur de Créateur de forêt à Niort

La nature a besoin qu'on lui foute la paix.

MON MÉTIER

Un créateur de forêt, c'est un promoteur de biodiversité qui conçoit des projets de nature protégés durablement sur un siècle, financés par des particuliers et des entreprises, afin de redonner de la place au vivant.

MA SEMAINE TYPE

Pour être en mesure de créer des forêts, je passe beaucoup de temps à rencontrer des gens :

→ des élus et communes pour trouver des terrains à préparer pour accueillir les arbres ;

→ des associations environnementales, scientifiques, des lycées et des écoles pour concevoir des projets ensemble ;

→ des entreprises et des particuliers pour la recherche de financements et l'organisation d'événements de sensibilisation à la biodiversité ;

→ des personnes en quête de sens qui veulent des conseils dans leurs projets pour la nature.

Je consacre aussi forcément du temps aux tâches administratives inhérentes à la gestion d'une entreprise, mais également aux missions de communication (réseaux, presses, conférences et tables rondes) afin de porter haut et fort les projets de nature.

MON PARCOURS

Agent immobilier pendant de nombreuses années, j'ai fini par intégrer la MAIF où je suis devenu responsable de deux services : une belle place qui ne m'empêchait pas de me questionner sur mon utilité…. au point de faire le grand saut et de devenir entrepreneur militant en lançant Créateur de forêt !

Je n'ai aucune formation en foresterie, aucune connaissance en botanique ou même en agriculture. En revanche, raconter des histoires et fédérer autour de moi les bonnes compétences pour faire aboutir des projets, ça, je sais le faire !

LES QUALITÉS NÉCESSAIRES

De la patience, car ce sont des projets du temps long. Il faut aussi de l'optimisme pour réussir à fédérer tous ces partenaires. Enfin, je dirais qu'il faut être résilient comme la nature ; le reste suivra !

Un outil juridique pour protéger la biodiversité

Pour développer son activité, Baptiste a recours aux obligations réelles environnementales (ORE), un dispositif foncier de protection de l'environnement. Cette protection passe par un contrat librement établi entre le propriétaire du bien immobilier et son cocontractant (qui peut être État, une commune, le département, la région ou même un établissement public ou une personne morale) dans le but de conserver, gérer et restaurer des éléments de la biodiversité ou des fonctions écologiques. Cette obligation restera en vigueur tout au long du contrat qui peut aller jusqu'à 99 ans et s'imposera aux prochains acquéreurs du bien en cas de vente.

→apprendre←

MA CONTRIBUTION AUX 2030 GLORIEUSES

Chez Créateur de forêt, nous pensons que nous aurons autant d'impact en plantant des arbres qu'en sensibilisant et en faisant naître de l'espoir en l'homme pour reconstruire le monde de demain. Aussi, je ne cherche pas à convaincre qu'il faut préserver et aimer notre nature: je cherche à le faire et prouver que c'est possible! J'ai entendu un jour dire « ce que tu regardes se développe », alors je regarde le positif, et ça fonctionne! Notre part pour les 2030 Glorieuses est de montrer qu'il est possible de fédérer tout un collectif au service du vivant!

POURQUOI CE MÉTIER EST-IL SOURCE DE BONHEUR ?

Ce qui me rend heureux, c'est:

→ de savoir que, quoi qu'il arrive, ce que nous faisons est et restera au service du vivant. Nous portons des projets qui nous survivront, cela donne de l'énergie;

→ le fait, aussi, de constater l'espoir que les gens voient dans notre activité;

→ agir concrètement – cela rend toujours heureux;

→ enfin, voir que les enfants comprennent notre activité et y croient!

En chiffres

>> Plus de 50 % des forêts françaises sont appelées à disparaître à cause du changement climatique dans les cinquante prochaines années.

>> Près de 400 000 emplois en France sont liés aux forêts et à la filière bois.

>> Salaire mensuel: 2 000 euros brut pour tous les salariés de l'entreprise, peu importe leur poste.

En bonus

Retrouvez l'interview de Baptiste dans le podcast 2030 Glorieuses

www.lienmini.fr/62639-19

Je suis…

CRÉATRICE D'UN VILLAGE SANS BÉTON

Aurélie Moy, fondatrice du Ty Village à Saint-Brieuc

Notre société doit prendre le contre-pied de la vie en solitaire.

MON MÉTIER

J'ai créé le Ty Village en Bretagne, un village de *tiny houses*, des micromaisons en bois mobiles.

MA SEMAINE TYPE

Je passe du temps à échanger avec les constructeurs des *tiny houses* sur la fabrication des nouveaux modèles. Je rédige des contrats de partenariat, réponds à des journalistes, fais de la comptabilité, plante des fleurs et bricole du bois, échange avec l'assureur et le banquier, écris des posts pour les réseaux sociaux, réponds aux emails et aux appels téléphoniques des personnes curieuses du projet, gère les problèmes techniques d'alimentation en eau et d'évacuation, organise des visites, échange avec les habitants… Cela m'occupe une à deux journées par semaine, et j'ai d'autres activités professionnelles en parallèle (consultante en agence de redirection écologique, élue locale, saisonnière agricole).

MON PARCOURS

En dernière année de Polytechnique, je me suis dit: «Qu'est-ce que je fous là?» Puis j'ai découvert le parcours «Sciences pour les défis de l'environnement» et, depuis, je tire ce fil de l'engagement écologique. J'ai commencé à travailler dans la compensation carbone, mais ma compréhension croissante des enjeux m'a donné envie d'aller (beaucoup) plus loin. Coup sur coup, j'ai cocréé une agence de redirection écologique et fondé le Ty Village pour me sentir droite dans mes bottes quand j'évoque le niveau d'urgence et la radicalité des réponses à apporter.

LES QUALITÉS NÉCESSAIRES

Pour tenir sur le temps long, je dirais qu'on a d'abord besoin d'avoir une vision du monde que l'on souhaite voir émerger demain et la détermination pour transposer cette vision à sa réalité. Dans la pratique de ce projet au quotidien, l'essentiel est de savoir s'entourer des bonnes personnes.

Les *tiny houses*, un phénomène mondial

Contre toute attente, les *tiny houses* sont nées aux États-Unis, où l'on en recense plus de 10 000. D'ailleurs, c'est au Texas qu'est né en 2014 Spur Freedom, la première ville américaine de *tiny houses*. Elle compte environ 1 000 habitants. Mais il y a aussi des villages de *tiny houses* en Nouvelle-Zélande, au Canada ou encore en Allemagne. En France, le phénomène se déploie aussi à Lyon ou à Rezé.

LES STRUCTURES QUI M'ONT AIDÉE À DÉVELOPPER MON PROJET

J'aurais pu me faire accompagner par le pôle ESS (Entrepreneuriat social et solidaire) de Saint-Brieuc, mais j'étais déjà bien entourée pour ce projet. Cependant, je me suis mise en réseau avec les autres acteurs de l'écosystème (constructeurs de *tiny houses*, association des Hameaux Légers, influenceurs du mouvement des *tiny houses*, etc.).

MA CONTRIBUTION AUX 2030 GLORIEUSES

Je participe à la création d'un imaginaire commun alternatif avec une nouvelle manière d'habiter la Terre : plus simplement, en reconnexion à la nature, aux autres et à soi-même. Je fais la démonstration des vertus du minimalisme et de la sobriété volontaire. Je permets aux gens d'expérimenter la vie en micromaison avant de franchir le pas et d'adopter ce mode de vie.

POURQUOI CE MÉTIER EST-IL SOURCE DE BONHEUR ?

L'alignement entre ma vie professionnelle et mes valeurs profondes est une source de bonheur inépuisable. Je suis aussi fière de démontrer grâce à ce projet qu'on peut faire de l'urbanisme différemment, sans artificialisation des sols, dans le respect de la biodiversité. Pas une goutte de béton n'a été coulée ici. Si les *tiny houses* s'en vont, la nature reprendra ses droits.

En chiffres

>> Une *tiny house* a une superficie de 20 m² en moyenne et ne doit pas dépasser les 3,2 tonnes.

>> 20 millions de tonnes de béton ont été produites l'année dernière en France.

>> Économiquement, le Ty Village fonctionne plus comme un investissement immobilier que comme une activité rémunératrice. Aurélie tire ses sources de rémunération d'autres activités professionnelles.

En bonus

Retrouvez l'interview d'Aurélie dans le podcast 2030 Glorieuses

www.lienmini.fr/62639-20

Je suis...

FORMATEUR EN PERMA-CULTURE

Clément Doche, salarié de Terre et Humanisme en Ardèche

Être paysan, c'est vraiment le plus beau métier du monde.

MON MÉTIER

Mon rôle est de transmettre les savoir-faire du potager agroécologique et d'accompagner le changement. C'est un métier en lien avec des humains, des plantes, des vers de terre, des bactéries, des champignons, des insectes... bref, du vivant.

MA SEMAINE TYPE

Je jardine tous les jours, en animant des ateliers pour des personnes qui viennent en séjour d'immersion ou en formation et qui ont envie d'apprendre les bases du jardinage agroécologique, de remettre les mains dans la terre, de comprendre les dynamiques du vivant. J'aborde avec eux des thèmes aussi variés que le sol vivant, la biodiversité, le fonctionnement des végétaux et leur santé, la gestion de l'eau, les équilibres naturels... mais aussi le lien avec l'humain, l'alimentation, le rôle de paysan au sein des territoires, etc.

Je passe aussi du temps devant l'ordinateur ou le téléphone pour organiser, planifier, créer du lien, rédiger des articles ou des documents pédagogiques. Notre association est en gouvernance partagée, je suis donc amené parfois à gérer les ressources humaines, à participer à la définition de la stratégie de l'association, à préserver l'éthique et les valeurs de la structure.

COMMENT FAIRE POUR TRAVAILLER DANS CE SECTEUR ?

Les autodidactes sont les bienvenus, mais il faut quand même avoir une solide expérience en jardinage/maraîchage pour conduire le potager. Pour le côté animation/formation, Terre et Humanisme propose une formation d'animateur en agroécologie sur dix mois à raison d'une semaine par mois, qui est certifiante.

LES QUALITÉS NÉCESSAIRES

Bien sûr, il faut s'intéresser aux principes de l'agroécologie et au fonctionnement des écosystèmes pour gérer le potager, ainsi qu'aux différentes formes de pédagogie et aux techniques d'animation. Côté humain, il faut être à l'écoute, se sentir capable d'intervenir devant un public, aimer travailler en équipe, aimer côtoyer beaucoup de monde.

MA CONTRIBUTION AUX 2030 GLORIEUSES

Faire son potager naturel, même à petite échelle, c'est reconnecter avec son alimentation, comprendre la valeur de notre nourriture, donc mieux comprendre nos paysans qui nous nourrissent chaque jour tout en préservant la nature.

J'ai souvent des retours des participants aux formations, qui me disent repartir d'ici avec une plus grande confiance en l'humain et notamment dans le collectif. Je pense que lorsque nous saurons faire vivre des collectifs équilibrés, nos actions prendront plus d'envergure et essaimeront naturellement.

→apprendre←

L'agroécologie, une approche globale

L'agroécologie respecte les écosystèmes naturels et intègre les dimensions économiques, sociales et politiques de la vie humaine. Elle conçoit une approche globale et équilibrée qui concilie agriculture, écologie, productivité, activité humaine et biodiversité. Elle donne ainsi un ensemble de clés pour réussir ensemble la transition.

POURQUOI CE MÉTIER EST-IL SOURCE DE BONHEUR ?

J'utilise à la fois mes mains et mon cerveau, c'est très équilibrant. Nous sommes aussi en gouvernance partagée, sans rôle de directeur, ce qui implique que tous les salariés sont impliqués, responsables, et à l'écoute les uns des autres. Ce que nous vivons au sein de l'équipe est une très belle aventure humaine. En plus, je suis dans un lieu magnifique et je transmets mon savoir à des personnes impatientes de comprendre le vivant et de connaître les principes du potager.

En chiffres

>> L'agriculture représente 20 % des émissions de gaz à effet de serre en France, sans parler de son concours à l'érosion de la biodiversité comme à la pollution de l'eau et des sols.

>> En 2021, on compte 58 413 exploitations en agriculture biologique, soit 13,41 % des exploitations agricoles en France.

>> Salaire mensuel : 1 550 euros brut par mois avec un rythme de 28 heures par semaine.

En bonus

Retrouvez l'interview de Clément dans le podcast 2030 Glorieuses

www.lienmini.fr/62639-21

Je suis…

JOURNALISTE DU VIVANT

Jean-Philippe Paul, rédacteur en chef de la revue *Salamandre* à Champagne-sur-Loue

Nous devons acter une bonne fois pour toutes que nous faisons partie de la nature.

MON MÉTIER

Je conduis la ligne éditoriale du magazine naturaliste *Salamandre*, en collaboration avec le fondateur du périodique et toute l'équipe de rédaction. Il s'agit de trouver des sujets riches à traiter et de le faire «à notre façon», c'est-à-dire de manière juste scientifiquement, créative artistiquement et agréable à lire et accessible à tous les curieux de nature.

MA SEMAINE TYPE

Elle débute souvent par une réunion de rédaction: échanges d'idées, questions à régler, programmation éditoriale, etc. Elle est surtout constituée ensuite de rédaction et de documentation. Il faut rester informé et se nourrir des idées que la nature inspire, et pour cela, je vais beaucoup sur le terrain sur mon temps personnel. Nous avons choisi une gouvernance partagée et horizontale pour la gestion de la revue, aussi des réunions sont-elles organisées régulièrement pour faire vivre et améliorer ce modèle de management moderne et épanouissant.

COMMENT FAIRE POUR TRAVAILLER DANS CE SECTEUR ?

De mon côté, je suis biologiste (équivalent Master 2) et je suis devenu journaliste spécialisé en autodidacte. Mais pour ce genre de métier, les écoles de journalisme sont tout à fait indiquées, même s'il faut avoir ensuite une sensibilité très forte aux choses du vivant.

LES QUALITÉS NÉCESSAIRES

S'émerveiller naturellement, avoir envie de transmettre, raconter, valoriser. Respecter le vivant et le sauvage et leur rendre hommage avec les mots, les photos, les dessins, les vidéos… Écrire des choses justes, dans un langage qui voyage entre poésie et sobriété. Être ouvert et très curieux. Puiser l'inspiration chaque jour dans la nature, et ce n'est pas juste une formule, c'est une réalité inépuisable. Oser s'améliorer avec les retours des lecteurs, des collègues, etc.

Salamandre, un rêve de gosse qui se réalise

En 1983, Julien Perrot, âgé de 11 ans, trouve une salamandre en forêt et décide de créer sa propre revue naturaliste. Le premier numéro sort quelques mois après et continue à sortir sans interruption jusqu'à nos jours. La rédaction de ce journal suisse s'établit à Neuchâtel en 1992 et poursuit sa progression : de 4 000 abonnés en 1993, elle passe à 10 000 en 1999 et compte désormais environ 30 000 abonnés – en Suisse, bien sûr, mais aussi en France, en Belgique et au Luxembourg.

MA CONTRIBUTION AUX 2030 GLORIEUSES

D'abord, je participe aux 2030 Glorieuses en faisant aimer la nature jour après jour (notre raison d'être à la *Salamandre*). Ensuite, j'espère que mon expérience personnelle montrera qu'il est possible de faire rimer travail avec passion. De même, notre entreprise défend des valeurs de respect de la nature, de projet à but non lucratif, d'organisation équitable et respectueuse de toutes et tous.

POURQUOI CE MÉTIER EST-IL SOURCE DE BONHEUR ?

Chaque nouveau magazine est une création totale, une nouvelle aventure. Aucune lassitude après dix ans et soixante numéros, pour ma part. Et puis de nombreux défis enthousiasmants nous attendent dans les mois et les années à venir: la lecture et la nature ne sont malheureusement pas les principaux hobbies des moins de 30 ans. Nous travaillons donc activement à des évolutions souhaitables pour pouvoir rajeunir notre lectorat. Nous venons de lancer un hors-série et, parmi les autres leviers, nous lançons divers partenariats avec des podcasteurs, des youtubeurs et d'autres médias tendance. Mais attention: la nature sur écran n'est pas la nature !

En chiffres

>> *Nature*, l'une des revues scientifiques généralistes de référence, a fêté ses 150 ans.

>> En 2021, le nombre de cartes de journalistes professionnels attribuées en France passe pour la deuxième année consécutive sous la barre des 35 000 avec 34 476 cartes.

>> Salaire mensuel : autour de 3 200 euros brut par mois.

En bonus

Retrouvez l'interview de Jean-Philippe dans le podcast 2030 Glorieuses

www.lienmini.fr/62639-22

Je suis...

MAÎTRE-COMPOSTEUR

Jean-Jacques Fasquel, maître-composteur à Paris

La nature ne crée pas de déchets.

MON MÉTIER

Je forme différents publics à tous les types de compostage et j'accompagne la mise en place d'opérations de compostage dans les résidences et mairies d'arrondissements.

MA SEMAINE TYPE

→ **Lundi :** j'anime une formation de référents de site de compostage à Trappes pour l'agglomération de Saint-Quentin-en-Yvelines.

→ **Mardi :** j'audite quelques immeubles parisiens en vue de valider une installation d'un dispositif de compostage partagé et j'écris les rapports de visite.

→ **Mercredi :** je rédige des articles sur le compostage pour le site www.jecomposteenville.fr du Syctom (syndicat de traitement des déchets d'Île-de-France).

→ **Jeudi :** je vais installer des composteurs dans un collège de l'Eure et former les participants.

→ **Vendredi :** Je fais le *community management* des posts du compte Facebook de la Ville de Paris « Compost à Paris ».

→ **Samedi :** j'accompagne le lancement de différents sites de compostage en pied d'immeuble à Paris (montage du matériel, initiation des participants).

MON PARCOURS

J'ai fait une école de commerce. J'ai travaillé pendant dix ans dans le secteur des loisirs et de la culture, puis j'ai eu une révélation. Je suis devenu écolo et j'ai changé de vie. Au début, j'ai changé beaucoup de choses dans ma vie personnelle. J'ai changé ma façon de consommer, de voyager. J'ai changé de banque et je me suis interrogé sur les déchets. Et puis j'ai eu envie d'aller plus loin et j'ai proposé à mon bailleur de créer un compost en pied d'immeuble en bas de chez moi. Cette expérience m'a passionné et j'ai décidé d'en faire mon métier.

LES QUALITÉS NÉCESSAIRES

Au-delà de la technicité et l'expérience de terrain des compostages qu'il faut acquérir, il est nécessaire d'être un animateur, un communicant et savoir travailler en mode « projet ».

Une formation certifiante de maître-composteur

L'Ademe a créé un référentiel métier en trois étapes : tout d'abord une formation d'une journée pour être référent de site de compostage et pouvoir ainsi s'occuper d'un site bénévolement. Ensuite, la formation de guide-composteur en deux ou trois jours, qui permet de devenir un ambassadeur de la politique de déchets d'une collectivité. Enfin, une formation de onze jours et demi pour devenir maître-composteur.

Les formations de guide-composteur et de maître-composteur sont désormais inscrites au répertoire spécifique des compétences et sont proposées par différentes structures partout en France.

MA CONTRIBUTION AUX 2030 GLORIEUSES

Ma contribution est essentielle pour une société plus durable, puisque je participe à transformer des déchets en ressources. C'est une belle illustration de l'économie circulaire. Et puis ce métier est en train de se développer et je suis fier d'y avoir participé: d'un côté les collectivités locales, *via* les syndicats de traitement des ordures ménagères et leurs plates-formes de valorisation des déchets organiques et de compostage, recrutent partout en France; de l'autre, des associations spécialisées dans la réduction des déchets et la promotion du recyclage font appel à des personnes avec ces compétences très prisées.

POURQUOI CE MÉTIER EST-IL SOURCE DE BONHEUR ?

J'aime la rencontre avec les gens. D'autant plus que les personnes qui se lancent dans le compost sont motivées et partagent les mêmes valeurs écologiques que moi. C'est un moment de bonheur. J'aime aussi travailler à l'extérieur. C'est un métier fabuleux, parce qu'on revient à l'essentiel. C'est une superbe illustration d'un écosystème parfait : vos déchets de table qui se transforment en compost et repartent dans la boucle !

En chiffres

>> Chaque année, l'ensemble des ménages français produit 18 millions de tonnes de biodéchets.

>> Environ un tiers des ménages seulement pratique la revalorisation des déchets organiques en France.

>> Rémunération mensuelle : entre 1 600 et 3 000 euros brut par mois selon les prestations que l'on offre (suivi de sites de compost, formations et/ou montage de projets).

En bonus

Retrouvez l'interview de Jean-Jacques dans le podcast 2030 Glorieuses

www.lienmini.fr/62639-23

Je suis...

RÉGÉNÉRATRICE DES RÉCIFS CORALLIENS

Florina Jacob, chargée de projet terrain et scientifique chez Coral Guardian à Lyon

La régénération des coraux est une formidable occasion de recréer un lien avec les communautés locales.

MON MÉTIER

Je travaille pour une association qui œuvre à la protection des récifs coralliens en collaboration avec les communautés locales.

MA SEMAINE TYPE

Au sein de Coral Guardian, mon rôle est d'être le pont entre les projets autour du monde et l'équipe en France et de garantir le bon suivi des projets.

→ **Lundi :** je réponds aux mails, j'organise les activités de la semaine (rendez-vous, dates limites, événements), j'enchaîne avec une réunion virtuelle avec le chargé de projet Indonésie, je me tiens au courant des nouvelles scientifiques sur les récifs coralliens.

→ **Mardi :** je participe à une réunion virtuelle avec l'équipe en France, une autre avec la chargée de projet en Espagne. J'échange avec des bénévoles pour l'écriture d'articles de vulgarisation.

→ **Mercredi :** je rédige ou retravaille des protocoles de suivi scientifique à implémenter sur le terrain et je crée des tableaux de suivi et d'analyse des données.

→ **Jeudi :** j'organise une réunion avec les partenaires financiers et la responsable de partenariats chez Coral Guardian pour présenter une proposition de financement des projets terrain et établir un budget.

→ **Vendredi :** je suis notre programme de formation pour les porteurs de projets de restauration corallienne, réponds aux mails des personnes qui souhaitent rejoindre le programme et échange avec les chargés de projets accompagnés à court terme.

COMMENT FAIRE POUR TRAVAILLER DANS CE SECTEUR ?

Il faut obligatoirement une formation en biologie/écologie marine et une formation additionnelle ou une expérience en gestion de projets est un gros plus. Niveau bac +5 requis !

LES QUALITÉS NÉCESSAIRES

Il faut d'abord de la passion et une bonne dose de curiosité scientifique, c'est ce qui nous porte au quotidien. Pour ces projets scientifiques menés à l'échelle mondiale, il faut également de la patience, être bon communicant, savoir parler plusieurs langues et, bien sûr, être organisé !

→apprendre←

Les coraux, clé de voûte de la vie marine

Les récifs coralliens abritent 25 % de la vie marine de notre planète : c'est là que grandissent un quart des poissons de nos océans. Mais les coraux rendent d'autres services inestimables à l'humanité : ils sont par exemple de véritables brise-lames sur les côtes et atténuent l'impact des phénomènes naturels violents tels que les cyclones, les typhons ou les ouragans. Malheureusement, environ un quart des récifs coralliens mondiaux auraient déjà subi des dégâts irréversibles, et deux tiers seraient gravement menacés. En cause : les activités humaines.

MA CONTRIBUTION AUX 2030 GLORIEUSES

À travers l'accompagnement des projets, je participe à l'appropriation des acteurs locaux des process de protection et restauration des écosystèmes coralliens. Je crée aussi des outils pour sensibiliser le grand public sur l'importance des écosystèmes coralliens, en prenant en compte les contextes locaux. Et bien sûr, je contribue aux connaissances sur la protection et la restauration des écosystèmes coralliens !

POURQUOI CE MÉTIER EST-IL SOURCE DE BONHEUR ?

Tous les jours, je perçois les résultats positifs des interventions de restauration, que ce soit d'un point de vue biologique ou social. Et quand j'ai la chance d'aller sur le terrain pour suivre directement les projets de l'association, je me dis que mon travail sert vraiment à quelque chose. On voit les coraux se régénérer tellement rapidement quand les conditions sont réunies ! Les écosystèmes vivants sont bien plus résilients que ce qu'on imagine.

En chiffres

>> La planète a perdu 14 % de ses coraux entre 2009 et 2018.

>> On estime que ce sont près de deux millions d'espèces différentes qui vivent dans, sur et autour des récifs du monde.

>> Salaire mensuel : 2 300 euros brut par mois.

En bonus

Retrouvez l'interview de Florina dans le podcast 2030 Glorieuses

www.lienmini.fr/62639-24

Pour continuer à régénérer le Vivant

HYDROBIOLOGISTE

Formation : Bac + 5 avec diplôme d'ingénieur spécialisé en biologie ou en gestion de l'environnement.

Mission : L'hydrobiologiste s'occupe de faire des prélèvements et d'analyser l'état biologique des rivières, des lacs, des fleuves et autres cours d'eau. Il réalise des bilans à partir de ses prélèvements et préconise des solutions pour améliorer la qualité de l'eau.

Salaire mensuel : À partir de 1 900 euros brut.

CONSULTANT EN AGRICULTURE BIOLOGIQUE

Formation : Bac + 2 ou 3 avec un BTSA ou une licence professionnelle agriculture biologique orientée industrie alimentaire (universités de Clermont-Ferrand, d'Angers et de Grenoble).

Mission : Son rôle est d'accompagner les agriculteurs dans leur conversion au bio, de promouvoir cette agriculture et de vérifier que les produits sont aux normes.

Salaire mensuel : De 1 500 euros pour un technicien jusqu'à 4 000 euros brut pour un ingénieur.

D'autres idées de métiers

CHARGÉ DE MISSION EN VALORISATION AGRICOLE

Formation : Bac + 5 avec une école d'ingénieurs spécialisée en agriculture.

Mission : Le chargé de mission en valorisation agricole a la charge d'inventorier les déchets organiques (boues, végétaux, déjections animales) dans sa zone d'intervention, pour ensuite travailler à leur valorisation (comme la fertilisation des sols) avec les agriculteurs et les éleveurs.

Salaire mensuel : À partir de 2 200 euros brut.

ÉCOLOGUE

Formation : Bac + 5 avec un cursus universitaire en géologie, géographie ou hydrogéologie ou en école d'ingénieurs.

Mission : L'écologue identifie, anticipe et évalue l'impact des activités humaines sur les écosystèmes. Il intervient dès les prémices d'un projet pour définir, mettre en place et veiller au respect des politiques et réglementations liées à la conservation et à la préservation de l'environnement.

Salaire mensuel : À partir de 2 500 euros brut.

JARDINIER D'ESPACES VERTS

Formation : Avant ou après Bac, avec par exemple un CAPA travaux paysagers, un bac pro aménagements paysagers ou encore un brevet professionnel agricole (BPA) en travaux d'aménagements paysagers.

Mission : Sa mission est de développer puis de prendre soin des espaces de nature en ville. Pour ce faire, il réalise des opérations de création ou d'aménagement des espaces paysagers à partir des plans de travaux transmis, puis s'occupe tout au long de l'année de leur entretien.

Salaire mensuel : 1 500 à 2 000 euros brut.

JURISTE EXPERT EN PROTECTION DE L'ENVIRONNEMENT

Formation : Bac + 5 avec un master en droit et une spécialisation en droit de l'environnement, comme le proposent les universités de Lyon 3 ou de Paris-Saclay.

Mission : Face à la complexité des normes, de la réglementation et de la législation, tant nationale qu'européenne ou internationale, le juriste en environnement informe et conseille son employeur pour lui permettre de se conformer aux réglementations.

Salaire mensuel : À partir de 2 100 euros brut en début de carrière.

ANIMATEUR PROTECTION DE L'ENVIRONNEMENT

Formation : Bac + 2 avec le BTSA Gestion et protection de la nature, notamment l'option Animation nature, DUT en communication et environnement ou Bac + 3 avec des licences professionnelles spécialisées en éducation à l'environnement, comme la LP CEEDDR ou la licence professionnelle Médiation scientifique et éducation à l'environnement.

Mission : Spécialisé ou non dans un domaine comme l'eau, les déchets ou les énergies renouvelables, l'animateur protection de l'environnement est chargé d'accompagner, d'encadrer et d'animer des groupes scolaires ou d'adultes en leur faisant découvrir la nature, avec l'objectif de leur transmettre l'envie de préserver l'environnement.

Salaire mensuel : 1 800 euros brut.

Quelques pistes d'études à suivre

• Depuis vingt-cinq ans, **Terre & Humanisme** partage, transmet et soutient une agriculture écologique, humaine et solidaire inspirée de Pierre Rabhi. Parce que l'agroécologie se cultive ensemble pour réussir la transition, Terre & Humanisme s'adresse aux particuliers comme aux professionnels et s'appuie sur un solide réseau de partenaires et d'animateurs en agroécologie, en France et à l'international.

• **ABIOSOL** est un partenariat d'action né en 2019, pour proposer un accompagnement complet aux futurs paysans et paysannes biologiques et leur permettre de s'installer sur des exploitations viables en Île-de-France. Plus d'infos sur devenirpaysan-idf.org.

• **La Fondation pour la Nature et l'Homme** vient de lancer la campagne #jagis-jeplante. 100 % gratuite, utile et pratique tant pour les amateurs que pour les pros du jardin, elle a pour vocation, grâce à des tutos vidéo et des fiches à télécharger, d'apprendre à planter des haies champêtres, des murs végétalisés, des bosquets comestibles et des mini-forêts urbaines.

• **Pour une agriculture du Vivant qui vient de la terre.** Depuis vingt ans, des milliers d'agriculteurs et d'agronomes se sont associés pour mener des recherches dont le résultat est sans appel : en copiant la nature, nous pouvons produire plus et mieux, avec moins. L'association propose un panel de formations pour transmettre son savoir : enjeux globaux, réalité de terrain, principes agronomiques, financement, création de valeur... Plus d'infos sur agricultureduvivant.org.

Notes

Des personnalités inspirantes

- **Hélène Grosbois** néorurale et activiste pour le Vivant
- **François Sarano** océanographe, plongeur et auteur
- **Maxime de Rostolan** militant et entrepreneur écologiste
- **Marine Calmet** avocate de formation et présidente de l'association Wild Legal

Des interviews sur des thématiques proches

- **Benjamin Carboni**, organisateur de ramassages de déchets sauvages
- **François Peyrac**, apiculteur
- **Lamya Essemlali**, gardienne des océans
- **Catherine Écran**, fondatrice d'une AMAP
- **Hélène Taquet**, productrice de fleurs locales et de saison

À retrouver sur www.imagotv.fr/podcasts/2030-glorieuses

Des documentaires, des livres, des podcasts

- La série de podcasts « Les champs des possibles » de Lou Aendekerk.
- Le documentaire *Tout est possible* (*The biggest little farm*) de John Chester.
- Le livre d'Ève Gabrielle, *La part cachée du monde*, publié chez La Mer Salée en 2021.
- Le hors-série du magazine Philosophie « Vivre et penser comme un arbre » publié au printemps-été 2022.

Les métiers pour rêver en grand

Se sentir utile est-il un luxe ? Avoir de la reconnaissance, un doux rêve ? Avons-nous le temps, le loisir, la liberté de nous demander : « Pourquoi ce travail en particulier ? » Nous travaillons la plupart du temps pour avoir un toit, nous nourrir, élever nos enfants et les éduquer... Autant de raisons qui seraient les réponses principales obtenues si vous posiez la question aux adultes autour de vous : « Et toi, pourquoi travailles-tu ? »

Des réponses pragmatiques souvent, vénales de temps en temps, engagées parfois mais plus rarement teintées de fierté – et presque jamais rêveuses. Et pourtant, si on faisait le même exercice auprès des enfants en leur demandant : « Qu'est-ce que tu feras quand tu seras grand ? », il y a fort à parier que derrière les réponses des futurs pompiers, astronautes ou vétérinaires, ce qu'on ressente surtout soit l'envie commune de vivre un rêve éveillé, de ne pas se mettre de limites et de vivre sa vie comme une aventure.

Nos rêves ne sont pas des objectifs à concrétiser, ils sont des boussoles qui permettent de garder le cap qui fera de nos vies des aventures !

Pourquoi cet élan s'étiole-t-il au fil des années ? Que deviennent cette énergie créatrice, cette naïveté conquérante, cette foi en l'avenir qui font de chacune de nos journées d'enfance un potentiel trésor en devenir ? Cette vitalité s'essouffle-t-elle sous le poids des années qui charrient fatalement leur lot de désillusions ? Nos rêves ne sont pas des objectifs à concrétiser, ils sont des boussoles qui permettent de garder le cap qui fera de nos vies des aventures ! Point n'est besoin de les abandonner en cours de route par peur d'être déçus, ils servent plutôt à éviter de tomber dans le piège de la routine qui nous met dans un mode « automatique » dont il est très difficile de nous extraire. Et bien qu'aujourd'hui notre envie de nous dépasser ne puisse plus excéder les limites planétaires, je suis persuadé qu'il est pourtant primordial d'arriver à retrouver cette fraîcheur enfantine au moment d'embrasser une activité professionnelle ou de bifurquer professionnellement. L'auteur italien Erri de Luca le formule ainsi dans son livre *La Parole contraire* : « L'utopie n'est pas un point d'arrivée, mais un point de départ. On imagine et on veut réaliser un lieu qui n'existe pas. »

Quand je me plonge dans mes souvenirs, il me semble que deux grandes tendances se dessinaient dans mes phrases qui commençaient par : « Quand je serai grand… » La première, c'était de faire un métier autour du dessin : peintre, illustrateur, designer – je ne savais pas vraiment quelles possibilités s'offraient à moi, mais il fallait à tout prix que j'aie un crayon ou un pinceau dans la main. Enfant, j'ai passé des heures infinies à dessiner, recopier et colorier mes personnages de dessins animés ou de mangas préférés. Puis, petit à petit, je me suis mis à dessiner des portraits, des objets, des paysages, avec toujours cette envie de donner à voir la beauté des choses qui m'entouraient. Cette passion m'a habité pendant de nombreuses années, et je ne saurais dire pourquoi je l'ai délaissée. En repassant le film de ces années joyeuses, je constate qu'arrivé à l'adolescence, les moments au cours desquels je dessine deviennent de plus en plus rares, remplacés par des parties de console avec mes frères, ou de basket avec les copains. Je repense à cette passion abandonnée avec mélancolie, déçu de n'avoir pas su entretenir ni même préserver cette aspiration artistique qui était la mienne. Cela fait des années que je n'ai pas touché un crayon de couleur. Idem pour la photographie, qui était devenue sur le tard un de mes territoires de prédilection. Alors que je me rappelle avoir secrètement rêvé de devenir photographe et de travailler pour *National Geographic*. Pourquoi certains rêves disparaissent-ils ? Parce que nous n'osons pas ? Parce que nous sommes confrontés aux limites de nos talents ? Parce que les opportunités ne se présentent pas au moment opportun, ou que nous ne savons pas les voir ?

Et puis il y a des rêves qui, plutôt que de s'évanouir à jamais, se mettent en veille pour mieux ressurgir un jour comme une évidence. En effet, la deuxième option dont je me souviens au jeu du « Quand je serai grand… » est : « Je serai journaliste. » Et c'est en écrivant ces lignes en fouillant les tréfonds de mon enfance, que je me rappelle (je devais être en CE2 à l'époque) avoir créé un magazine de plusieurs pages, de la couverture aux articles en passant par les illustrations, l'édito, et même un quizz. Le titre était éloquent : « Le basket sur le bout des doigts » ! Et même si j'étais fasciné par les joueurs de la NBA, je sais que finalement le sujet importait peu. Je voulais juste raconter des histoires, et le fait de jouer le rôle du journaliste, ici sportif, me faisait rêver. J'ai d'ailleurs suivi cette piste tout au long de ma scolarité, faisant des choix qui me permettaient toujours d'avoir la porte des études de journalisme ouverte. J'étais même sûr que j'en ferais ma vie professionnelle après avoir effectué un stage de quelques mois dans la rédaction d'un journal local où j'avais pu me frotter à la réalité du milieu. Mais finalement, une série de concours absurdes pour entrer en école de journalisme et des épisodes de pure malchance pour obtenir un poste en alternance ont eu raison de cet idéal dont je réalise que je l'ai consciencieusement enfoui dans mon subconscient pour le remplacer par la possibilité d'aller travailler dans les ONG. Je n'ai pas eu le temps de regretter cet abandon car mes études pour devenir coordinateur de projets humanitaires étaient sincèrement passionnantes.

J'IRAI AU BOUT DE MES RÊVES ?

Peut-on vraiment dire que nos rêves d'enfants, s'ils sont menés à bien, feront des adultes professionnellement accomplis ? Une question difficile tant nos rêves sont souvent influencés (pour ne pas dire imposés) par des modèles aux valeurs souvent passéistes que nous regardons avec un œil critique dès lors que nous sommes capables de prendre un peu de recul.

Aux États-Unis, une étude menée par Trade-schools.net a comparé les carrières de 2 000 adultes... avec leurs rêves d'enfant

À la question Exercez-vous actuellement le travail dont vous rêviez enfant ?

22% OUI

80% satisfaits de leur travail !

78% NON

70% satisfaits de leur travail !

Plus nous avançons dans notre parcours scolaire

Les élèves du primaire souhaitent devenir sportifs, professeurs ou vétérinaires, tandis que les élèves du collège préfèrent devenir scientifiques, puis sportifs ou professeurs. Au lycée, enfin, cela devient plus sérieux puisque les jeunes préféreraient devenir écrivains, ingénieurs ou scientifiques.

plus les rêves semblent s'assagir

En France, l'agence d'intérim Qapa a tenté de répondre à la question « Que reste-t-il de nos rêves d'enfants ? » dans une enquête menée auprès de 4,5 millions de candidats et 135 000 recruteurs

23% **n'avaient aucune idée du métier de leurs rêves**

28% ♀

santé/social **21 %**
artistique **20 %**
administration, éducation **17 %**

18% ♂

artistique **25 %**
santé/social **13 %**
administration, assistanat et éducation **12 %**

métier rêvé

S'ils n'ont pas eu l'opportunité de travailler dans le secteur de leurs rêves d'enfants, 49 % des Français se disent pourtant **satisfaits de leur carrière**

51% **insatisfaits de leur carrière**

52% **plus de rêves pro**

Une proportion de désillusionnés largement plus importante chez les hommes (56 %) que chez les femmes (49 %) !

Quand la moitié des Français sondés déclarent ne plus avoir de rêves pour leur carrière professionnelle, on comprend mieux pourquoi nous parlons de plus en plus de grande démission. Et pourtant, le rêve est l'étincelle de l'action. Finalement, plutôt que de réaliser nos rêves, l'important ne serait-il pas de préserver notre capacité à rêver ?

Le temps des résignés est révolu, place à celui des rêveurs ! Ce sont eux qui sauront donner le goût du changement radical.

Après ce début de carrière dans les ONG en Colombie et aux Philippines, avec l'envie d'explorer d'autres voies possibles, force est de constater que mon rêve m'a rattrapé : rédaction d'un blog de voyages, envoi d'une newsletter mensuelle pour raconter mes expériences en ONG, puis à nouveau rédaction d'un billet quotidien sur le blog « Ça commence par moi » avant que tout s'accélère. Ces dernières années, on m'a tour à tour proposé d'être animateur d'une émission de radio, chroniqueur dans une émission de télé, rédacteur de tribunes dans différents magazines, sans oublier les livres. Je crois que cette petite voix qui m'a guidé au moment de prendre des décisions qui bouleversent une vie, c'était celle de l'apprenti journaliste qui n'a jamais voulu se taire. Et bien lui en a pris, car le « journaliste utopiste » que je suis devenu ne s'est jamais autant senti à sa place, les deux pieds dans son époque.

De la posture individuelle à la mue collective, il n'y a qu'un pas. Le temps des résignés est révolu, place à celui des rêveurs ! Ce sont eux qui sauront donner le goût du changement radical. Après la sortie de son documentaire Demain, Cyril Dion raconte lors d'une interview accordé au site *Voyageurs du monde* pourquoi il pense que le rêve est un levier d'action sous-estimé pour changer notre société : « Nous savons tous que le rêve et l'imagination sont les moteurs. Lorsque Kennedy en 1960 dit : "On va aller sur la Lune", personne ne sait comment mais le récit est tellement puissant que, neuf ans plus tard, les Américains se sont donné les conditions matérielles pour y arriver ! De la même façon, avant de construire la maison de vos rêves, vous commencez par échafauder des plans, avec un architecte. »

Il poursuit aujourd'hui son effort de conscientisation en gardant le rêve comme fil conducteur de sa démarche. À la sortie de son documentaire *Animal*, il clame haut et fort : « Je rêve de vivre dans un monde où la vie sera plus importante que la croissance. » Et aujourd'hui de continuer, en participant notamment à la création de la société de production Newtopia avec Marion Cotillard et Magali Payen pour « prendre le contre-pied de *l'American way of life* porté par le cinéma américain en imaginant un futur désirable, écologiquement soutenable et socialement juste afin de faire émerger un *ecological way of life* et ainsi gagner la bataille culturelle ».

PATRICK VIVERET A FAIT UN REV

Selon le philosophe Patrick Viveret, la société doit pouvoir transformer l'utopie idéaliste en utopie concrète. Cela passe par le trépied du REV.

La résistance (R) doit être une résistance créative, qui ne tourne pas en révolte. En conséquence, elle a besoin de deux autres éléments : la vision transformatrice (V), qui sert à développer l'imaginaire, et l'expérimentation anticipatrice (E), qui incarne, ici et maintenant, des initiatives concrètes, telles que, par exemple, les AMAP, les finances solidaires et l'habitat partagé.

Le REV, une boussole pour trouver à coup sûr son métier de sens, non ?

Car avant de se concentrer sur le comment, ne faudrait-il pas se poser la question du pourquoi ?

Ce lien entre écologie et récit est fait par un nombre crescendo de penseuses et penseurs de notre époque. Lucide, l'autrice Corinne Morel-Darleux voit les romans et les films comme de précieux alliés : « La fiction se met au service de la presbytie humaine pour l'aider à focaliser sur ce qui est parfois trop près pour être perçu distinctement » (*Plutôt couler en beauté que flotter sans grâce*, Libertalia, 2019). Rebelle, l'astrophysicien Aurélien Barrau appelle dans un entretien avec Carole Guilbaud « une révolution politique, poétique et philosophique » pour contrer la catastrophe écologique et sociale. Car avant de se concentrer sur le comment, ne faudrait-il pas se poser la question du pourquoi ? Si nous allons forcément avoir besoin d'ingénieurs, de biologistes, d'agriculteurs, etc. pour travailler à ce « comment » afin d'améliorer les rouages, ils seront inefficaces, voire contreproductifs s'ils ne sont pas accompagnés d'artistes, d'inventeurs, de conteurs, etc. qui aideront à répondre à la question cruciale : « Où va-t-on ? » Aurélien Barrau n'hésite pas à renchérir : « Il ne s'agit plus de commenter ou de comprendre le réel : il s'agit de produire du réel. Ce qui tue aujourd'hui et avant tout, c'est notre manque d'imagination. L'art, la littérature, la poésie sont des armes de précision. Il va falloir les dégainer. Et n'avoir pas peur de ceux qui crieront au scandale et à la trahison. » (*Il faut une révolution politique, poétique et philosophique*, Zulma, 2022). Une mission trop importante pour ne pas en faire son métier et s'y consacrer à temps plein. À condition de la prendre à bras-le-corps, c'est une magnifique odyssée qui nous attend.

Isabelle Autissier

ingénieure agronome, skippeuse, écrivaine et présidente d'honneur de WWF France

Pourquoi avoir mené une vie d'aventurière quand le progrès célèbre le confort et la simplicité ?

Je pense que l'aventure, c'est l'art de se mettre en déséquilibre. Et pour cela, il n'y a pas besoin d'aller faire le tour du monde en solitaire. On peut faire ça dans son quartier. Donc c'est vrai que l'image d'aventurière échevelée souvent utilisée dans les médias ne me parle pas beaucoup. Cependant, oui, j'ai toujours eu beaucoup de curiosité pour le monde, pour mes semblables, pour ce qui se passe ailleurs. Et donc j'ai voulu aller voir. Et j'ai bien aimé. J'aime cette idée de se mettre en déséquilibre. Quand on marche, on se met en déséquilibre vers l'avant et c'est comme cela qu'on arrive à avancer. Et dans la tête, c'est pareil. Voilà pourquoi j'aime bien aller explorer des territoires et j'aime aussi voir comment je me comporte dans ces nouvelles situations. J'aime bien essayer de puiser dans des ressources que, au départ, j'ignore avoir. J'ai alors l'impression d'apprendre quelque chose. C'est plutôt cela, l'aventure. Et pourtant, ce qui me trouble un peu parfois, c'est qu'on fait des aventuriers ou supposés aventuriers une catégorie à part, comme s'ils avaient un marqueur génétique qui ferait qu'ils sont différents des autres et expliquerait qu'ils fassent des choses qui paraissent insensées. Parce que oui, bien sûr, beaucoup de nos concitoyens ont envie d'avoir une vie tranquille, confortable et pépère. Je n'ai pas de jugement de valeur *a priori* à porter là-dessus. Mais l'aventure peut être grande ou petite. Elle peut être à portée de main ou à l'autre bout du monde.

Pourquoi ce qui attend l'humanité dans les prochaines décennies peut être une formidable aventure, quand on nous présente souvent les années à venir comme une période de grande contrainte ?

On entre dans une ère d'intranquillité, c'est sûr. Une ère d'imprévisibilité, puisque même si je ne prends pour exemple que le climat, quand les experts disent qu'on pourrait passer la limite des deux degrés, ils avouent aussi qu'on ne sait pas vraiment ce qui se passerait alors. Cela peut exploser dans un sens ou dans un autre. Homo sapiens a bénéficié de conditions de stabilité relative pendant des dizaines de milliers d'années, ce qui lui a permis de créer des sociétés complexes. Le climat, les plantes, les animaux, la disponibilité de l'eau, tout a été à peu près constant. Et maintenant qu'on entre dans une période d'intranquillité, qu'on le veuille ou non, cela va être une forme d'aventure. On va rentrer dans des moments où on sera en déséquilibre.

Les marins ont l'expérience de cela : quand on est en mer, on est bien obligé d'accepter la force des vagues, la direction du vent. On peut essayer de tricoter avec dans le bon sens, mais les éléments sont ce qu'ils sont et on ne peut pas les remettre en cause. Malheureusement, dans nos sociétés occidentales, nous avons l'impression d'être les maîtres de la machine et donc de pouvoir tout décider. Mais les gaz à effet de serre, ce n'est pas une décision, ce n'est pas une religion. Je ne crois pas au dérèglement climatique, c'est juste de la physique. On prélève du carbone dans le sous-sol de la Terre et, en le brûlant, on l'envoie dans l'atmosphère, où il provoque alors un effet physique qui s'appelle l'effet de serre. Voilà ; que cela nous plaise ou non, si on ne l'accepte pas, on ne pourra pas avancer. Donc oui, il va falloir apprendre à vivre comme cela. Il y aura des choses très cruelles. Il y aura des choses géniales et passionnantes. Il faudra faire avec et essayer de faire tourner les choses dans le bon sens. Et plus on s'en occupe tôt, mieux cela se passera.

Pourquoi a-t-on besoin des autres pour réaliser ses rêves ?

Évidemment, si je n'avais pas été une petite fille dans un pays en paix où je mangeais à ma faim, où il y avait des adultes qui m'aimaient, qui m'ont ouvert l'esprit, qui m'ont encouragée à faire les choses... Je crois que d'une certaine manière, je suis redevable à la société qui m'a éduquée, entourée et c'est pour cela que j'ai cette envie de transmettre le flambeau. Même quand j'ai navigué toute seule, j'avais une super équipe autour de moi avec des tas de gens très compétents qui ont mis toute leur intelligence pour faire un beau bateau qui navigue. Et puis il y a aussi le regard que les autres posent sur vous: une femme qui fait un tour du monde en solitaire aujourd'hui, dans la société française, c'est considéré comme un truc génial. Mais dans d'autres sociétés actuelles, ce serait considéré comme un truc complètement stupide, voire nocif. Donc évidemment, on est toujours très, très relié à la société dans laquelle on évolue.

L'enjeu, c'est désormais de se rendre compte qu'on fait évidemment partie de la nature et du Vivant. On est une des espèces, mais une espèce un peu bizarre et un peu spéciale. J'ai 65 ans et sur les bancs de l'Agro, quand on apprenait le Vivant, on étudiait à peu près toutes les espèces vivantes, sauf les hommes. Comme si, de toute façon, c'était autre chose. Les gens qui comprenaient les hommes, c'étaient peut-être les médecins, les psychologues ou les sociologues, mais ce n'était pas à l'Agro qu'on apprenait cela. À mon avis, c'est une des raisons qui expliquent pourquoi on a autant de mal à se dire que la planète se partage entre tous les êtres vivants.

Self-made man, vraiment ?

L'entrepreneur qui se serait fait tout seul et qui, à coup d'intuitions géniales et d'idées folles, aurait révolutionné le monde de la technologie dans son garage est un mythe. En effet, même si on ne peut dénier à Steve Jobs ou à Elon Musk un certain talent pour les affaires et la mise en scène, le culte du grand innovateur est une chimère. En se penchant sur leurs histoires de plus près, on constate que le contexte historique, culturel, technologique et industriel constitue un terreau fondamental à la naissance de ces figures idéalisées. Sans compter le fait que ces « inventeurs » sont coupables d'appropriations exagérées d'innovations nées d'un effort collectif (Elon Musk n'a pas grand-chose à voir avec la création des fusées de SpaceX et Steve Jobs n'a aidé à concevoir ni l'iPhone ni l'iPod) – un besoin de lumière qui porte trop souvent atteinte aux équipes qui jouent un rôle essentiel dans la renommée de ces deux exemples comme dans tant d'autres cas de figure.

Pourquoi la fiction est-elle un complément fondamental aux alertes scientifiques pour transformer nos modes de vie ?

Il me semble que le levier le plus simple et le plus immédiat pour les êtres humains, c'est celui du bonheur. Les êtres humains font des choses parce qu'ils pensent que ce sera mieux s'ils les font que s'ils n'y font pas. Et après ? Qu'est-ce que c'est qu'être heureux ? Et qu'est-ce que c'est que le bonheur ?

La diminution des espèces sur terre, le dérèglement climatique, la pollution qui rend malade... Tout cela, ce sont des choses qui sont très bien documentées et qui, quand elles sont relayées par les scientifiques, constituent un véritable levier d'action. Bien sûr, si les gens se sont mis à manger bio, c'est parce qu'ils pensent que les produits avec des pesticides ne sont pas bons pour leur santé et pour celle de leurs enfants. Mais je trouve qu'on devrait aussi, de manière plus consciente, parler des bienfaits et du bien-être qui pourraient naître d'une façon différente de faire société.

Quel message avez-vous pour la jeune génération ?

Vous savez, moi, je pense qu'on n'a qu'une chose dans la vie, c'est le temps. Entre sa naissance et sa mort, on dispose d'un certain temps et c'est la chose la plus précieuse, au fond. Et donc donner du temps aux gens qu'on aime ou aux situations qu'on aime, mais aussi aux lieux qu'on aime, c'est la meilleure façon d'être cohérent.

Et puis les jeunes n'ont plus à demander l'avis de leurs parents. S'ils sont majeurs et vaccinés, ils peuvent faire ce qu'ils veulent. Voilà, ce sera à eux de construire leur parcours en sachant justement que c'est peut-être une façon de contrer l'éco-anxiété croissante. Il y a des choses qui vont se fermer, c'est sûr, comme les modes de vie qu'ont eus leurs parents et leurs grands-parents, c'est-à-dire la consommation à outrance. Mais en réalité c'est tant mieux, parce que cette façon de vivre nous a envoyés droit dans le mur, donc c'est bien si cela s'arrête. Il ne faut pas le regretter puisque, de toute façon, cela ne marche pas.

Ce qui est passionnant, c'est que beaucoup de choses sont ouvertes et je sais bien que ce n'est pas toujours très rassurant. La liberté n'est pas quelque chose de rassurant. Il va falloir accepter que les choses ne soient pas écrites à l'avance. Je prends ça comme quelque chose de plutôt positif car on va pouvoir inventer de nouveaux modes de vie, modes de pensée et modes d'organisation collective.

Et avez-vous un message pour leurs parents ?

Je leur dis évidemment de laisser s'épanouir leurs enfants dans cette forme de nouveauté de façon à ne pas reproduire les mêmes erreurs. Je pense qu'il faut être positif pour accompagner, pour aider cette jeune génération à dédramatiser cette angoisse des changements et cette incertitude. Et puis les générations à partir des quarantenaires ont encore du boulot, parce que ce sont les gens qui sont aux manettes aujourd'hui. C'est donc leur responsabilité de créer les conditions du changement. En termes de responsabilité politique et sociale, c'est majeur.

LA LETTRE À SOI-MÊME

Pour vous accompagner dans cette période de changement et vous permettre de vous fixer un cap ambitieux, écrivez une lettre à vous-même. L'exercice vous permettra de vous souhaiter le meilleur et d'accorder un vrai temps de réflexion à ce que vous voulez accomplir dans les mois (et années) à venir.

Quelques conseils pour y parvenir :

→ Prenez une feuille, un crayon et une enveloppe. Le contact avec la matière favorise l'intériorité. Et puis, quand votre « vous du futur » ouvrira la lettre, le moment sera bien plus fort que si vous aviez écrit votre lettre dans un simple fichier sur votre ordinateur.

→ Cette lettre peut traiter de tous les sujets qui comptent pour vous. Proposée ici dans le cadre des métiers de sens, projetez-vous dans la prochaine étape professionnelle de votre vie. Si l'inspiration ne vient pas tout de suite, vous pouvez aussi commencer par répondre à ces quelques questions :

- Quels étaient les métiers qui me faisaient rêver quand j'étais plus jeune ?
- Et maintenant, quels métiers me font vraiment rêver ? Pourquoi ?
- Comment vais-je m'y prendre pour parvenir à réaliser mon objectif ?
- Qui sont mes alliés ?
- Quelles sont les prochaines choses à accomplir pour continuer à avancer ?
- Quel sentiment éprouverai-je une fois mes objectifs accomplis ?

→ Une fois le texte terminé, mettez la lettre dans une enveloppe. Il n'y a plus qu'à décider combien de temps vous vous laissez pour réaliser tout ce que vous vous êtes souhaité ! Pensez à bien noter dans votre agenda la date à laquelle vous souhaitez recevoir cette lettre pour mesurer tout le chemin parcouru.

c'est parti !
____

cher moi-même,
____

je me souhaite...
____

____

LA MÉTHODE IKIGAI

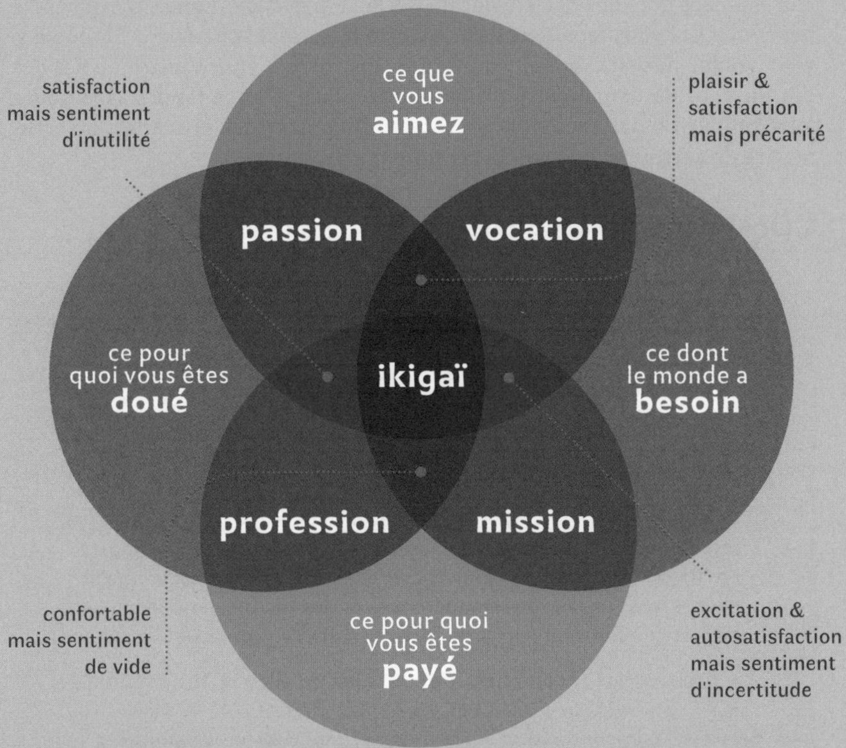

UN OUTIL AU SERVICE DE NOTRE ORIENTATION PROFESSIONNELLE

→ Qu'est-ce que j'adore faire ? Qu'est ce qui est vraiment essentiel pour moi et dont je ne pourrais pas me passer ?

→ Quels sont mes talents ? Dans quelles circonstances m'a-t-on dit que j'étais vraiment doué pour quelque chose ?

→ De quoi le monde a-t-il besoin selon moi ? Quelles sont les actualités qui me mettent en colère ou m'affecte le plus ?

→ Pour quel service puis-je être payé ? Parmi les idées que j'ai, quelles sont celles qui pourraient me permettre de dégager un revenu, même frugal ?

L'Ikigai n'est pas figé. C'est même dans son essence puisqu'en intégrant la notion de bien commun, il ouvre la porte à des évolutions de la société, mais aussi au développement de nos valeurs et compétences personnelles.

Bien sûr, trouver sa voie professionnelle ne se fait pas en un claquement de doigts. Parfois, ce sont les rencontres avec d'autres personnes qui partagent ses questionnements ou qui ont le sentiment d'y avoir répondu à leur manière qui vont déclencher un déclic. Parfois, c'est une expérience de bénévolat qui vous fera vous dire : « Cette fois, c'est la bonne ! » Et même si vous voulez désespérément, de toutes vos forces, vous mettre au service des mondes de demain et y trouver votre place, il vous faudra sans doute faire preuve de patience et accepter de rencontrer des obstacles, de commettre des erreurs et d'avoir le sentiment d'être perdu.

COMMENT BIFURQUER ?

Adèle Galey, cofondatrice de l'organisation Ticket For Change qui aide à entreprendre pour devenir un acteur du changement, va plus loin et partage ses conseils dans l'émission radio « La France Bouge » :

→ **Trouvez les réponses en vous-même :** « Ce qui est important, c'est de commencer par soi : identifier ce que l'on aime et ce que l'on aime moins, ce qui nous manque dans notre travail actuel par exemple. Vouloir changer de job, cela ne veut pas dire qu'on déteste forcément son travail actuel et qu'on doit tout jeter, au contraire ! Si on est là où l'on en est aujourd'hui, c'est sûrement parce qu'il y a des choses que l'on fait, des compétences et des talents que l'on exploite déjà et que l'on veut les garder pour la suite de notre carrière. »

→ **Faites-vous accompagner et trouvez un accompagnant adapté.** « Très souvent, on ne sait pas par quoi commencer et on se sent seul face à l'ampleur de la tâche. Et c'est normal ! Alors pourquoi se priver de soutien ? Il existe de nombreuses manières de faire, toutes très différentes, qui aident à avancer. Vous pouvez faire un bilan de compétences, vous faire accompagner par un coach, un psy, un mentor, un groupe de pairs ... ou tout cela à la fois ! »

→ **Acceptez que le processus puisse être long.** « S'écouter, se demander quelles sont ses vraies aspirations et envies, c'est quelque chose qu'on a rarement appris à faire à l'école ou dans sa famille, alors cela prend du temps : commencer à faire des petits pas, en parallèle de son travail, tester, itérer jusqu'à être sûr de sa décision, de la voie que l'on peut et veut prendre. »

Ce n'est pas parce que la route est longue qu'elle ne peut pas être belle. Au contraire, même. Quel fantastique sentiment de prendre les rênes de sa vie ! Que vous ayez décidé de le faire alors que votre carrière professionnelle se profile à l'horizon ou qu'elle soit déjà entamée, peu importe ! Nous avons toutes et tous louvoyé, hésité, ralenti au moment d'oser sauter le pas, même si parfois c'est une évidence à laquelle nous sommes confrontés depuis de nombreuses années. Nous, les humains, sommes des êtres irrationnels. C'est à la fois notre plus grande faiblesse et ce qui nous permet de renverser des montagnes quand tout semble perdu. Alors, haut les rêves ! Même si notre futur proche est souvent présenté comme sombre (à raison, étant donné l'inaction et le déni dont la majeure partie de l'humanité fait preuve), il ne sera jamais trop tard pour faire mentir le destin si notre effort est collectif. Quoi qu'il arrive, il ne sera jamais trop tard non plus pour faire de nos vies des incarnations de notre courage, de notre altruisme, de notre joie et de tant d'autres caractéristiques qui embellissent l'humanité dès qu'elle en fait un usage immodéré.

La rationalité
est en train
de nous tuer ;
alors ne soyons
plus raisonnables,
mais rêveurs,
idéalistes
et utopistes !

Je suis...

AMBASSADRICE D'UNE MONNAIE LOCALE

Charlotte Bazire, chargée de communication pour la monnaie locale complémentaire de la Gonette à Lyon

Les monnaies locales sont un filet de sécurité en cas de crise économique.

MON MÉTIER

Il s'agit de mettre en avant la monnaie locale complémentaire sur le territoire auprès des acteurs économiques, mais aussi d'effectuer un travail pédagogique pour expliquer le principe d'une monnaie locale, son fonctionnement, etc.

MA SEMAINE TYPE

En tant que chargée de communication, je passe du *community management* à la création de visuels de communication. Mais j'accueille aussi de temps en temps des visiteurs ou je conçois des événements, en lien avec le réseau de la transition lyonnais qui regroupe les structures engagées sur les questions écologiques et solidaires.

Chaque jour est différent et l'année suit les différents temps forts de la Gonette (Fête de l'économie solidaire, formations tout au long de l'année, rencontres collectivités et monnaies locales, assemblées générales, Collège des partenaires, etc.), mais aussi la réception par les différents acteurs économiques et publics de cet outil.

COMMENT FAIRE POUR TRAVAILLER DANS CE SECTEUR ?

J'ai un master de l'université Jean Moulin Lyon 3 en communication digitale mais quand on est motivé, on peut tout apprendre dans ce domaine assez récent. L'idéal, c'est de commencer à découvrir le milieu en se mettant à utiliser la monnaie locale de sa région, puis de rejoindre l'équipe bénévole pour pouvoir découvrir le projet et le voir évoluer de l'intérieur tout en y acquérant des compétences.

LES QUALITÉS NÉCESSAIRES

Sur un sujet aussi avant-gardiste que les monnaies locales, je dirais qu'il faut forcément de l'engagement, de la passion mais aussi de la détermination. Et puis, tout est à faire, à inventer, à organiser... Il faut donc de l'autonomie, de la bienveillance et de la patience.

La belle dynamique des monnaies locales complémentaires en France

En France, les monnaies locales sont reconnues légalement depuis 2014 (loi Économie sociale et solidaire, ESS). Depuis, on les voit se développer sur tout le territoire. Elles sont administrées par les différents acteurs du territoire et elles ne peuvent ni être mises en banque, ni sortir du territoire où elles ont été créées. Pour le citoyen, elles permettent un accès facilité à un réseau de boutiques, artisans et professionnels locaux qui s'engagent pour une société plus juste et plus locale. Complémentaires de l'euro et alignées sur sa valeur, elles portent des noms symbolisant les spécificités locales comme la gabare, l'épi, l'abeille, le cairn ou l'eusko.

MA CONTRIBUTION AUX 2030 GLORIEUSES

Je participe au développement d'un outil monétaire commun qui offre l'opportunité de créer un lien fort sur le territoire entre les différents acteurs économiques, tout en permettant aux consommateurs d'acheter des produits locaux qui défendent des valeurs écologiques et solidaires.

LES STRUCTURES QUI M'ONT AIDÉE À DÉVELOPPER CE PROJET

En France, il y a deux organismes qui sont clés dès qu'un collectif veut lancer une nouvelle monnaie locale complémentaire sur son territoire :

→ le mouvement Sol : un laboratoire d'expérimentations monétaires, au premier rang desquelles figurent les monnaies locales citoyennes.

→ le réseau des Monnaies locales complémentaires citoyennes (MLCC) : pour fédérer les différents acteurs des monnaies locales en France.

POURQUOI CE MÉTIER EST-IL SOURCE DE BONHEUR ?

Mettre en valeur un projet qui peut accélérer la transition écologique et sociale sur le territoire lyonnais, c'est une source de fierté immense. Et puis c'est aussi un vecteur de lien social et de résilience grâce au réseau construit : 1 700 adhérents particuliers et plus de 400 partenaires professionnels se reconnaissent et se connaissent, engagés pour défendre les mêmes valeurs !

En chiffres

>> En France, il existe actuellement plus de 80 monnaies locales complémentaires en circulation.

>> Échangé au Pays basque, l'eusko est la monnaie locale la plus dynamique d'Europe avec près de trois millions d'euskos en circulation.

>> Salaire mensuel : 1 800 euros brut.

En bonus

Retrouvez l'interview de Charlotte dans le podcast 2030 Glorieuses

www.lienmini.fr/62639-25

Je suis...

ARTISTE ENGAGÉ

Gael Faure,
artiste à Paris

Il n'est jamais trop tard pour faire sonner les tambours au fond de soi.

MON MÉTIER

Je suis auteur-compositeur-interprète dans le monde de la musique. C'est un métier qui fait grandir et évoluer dans sa vie personnelle, une passion de tous les jours qu'il faut nourrir sans arrêt.

MA SEMAINE TYPE

Parfois les semaines sont uniquement du texte, parfois des idées de thèmes, de compositions, parfois des journées entières à flâner : c'est très important de flâner, de regarder du beau, d'observer, de se laisser traverser par le temps tranquillement...

J'ai parfois du mal à me pencher sur le papier : ça me demande un effort mais une fois que je suis lancé, je ne veux plus rien faire d'autre ! Je dois bien avouer que mes semaines sont tout de même rythmées par les mails, quelques stories, du démarchage pour des dates de spectacle et du réseautage.

Et puis vient parfois le temps des concerts, des représentations, des tournées avec tout ce que cela implique.

MON PARCOURS

Près de quinze ans après mes débuts avec la Nouvelle Star, le désir de m'affranchir des règles et des rouages de l'industrie musicale s'est imposé à moi. D'abord avec mon album *Regain* (2018), puis avec *Le Bruit du Blé*, un spectacle autour de l'œuvre de l'écrivain Jean Giono, une création permaculturelle que j'ai pensée comme un hommage au monde rural, et enfin avec mon dernier EP, *L'Eau & la peau* (2021). Je me suis récemment installé dans la Drôme, ma terre natale, avec l'envie de me réancrer et de ramener l'art à la campagne, de participer à sa décentralisation.

LES QUALITÉS NÉCESSAIRES

Il faut d'abord faire les choses pour les bonnes raisons. Ensuite, il faut savoir faire preuve de persévérance et de passion, c'est vraiment l'art de brûler pour la musique et sa magie et aimer faire du Scrabble avec les mots. Il s'agit aussi beaucoup d'écouter et savoir faire confiance à son instinct, ses émotions, son cœur.

→apprendre←

Le Chant des colibris, la musique pour sensibiliser

Pendant deux ans, et notamment à l'initiative de Gael Faure, la campagne du Chant des colibris a voulu inspirer, relier et soutenir les citoyens dans leur démarche écologique. Une campagne pour montrer qu'il était possible, dans la joie et la simplicité, d'engager à son rythme des modes de vie plus sobres et plus respectueux de l'être humain et de la nature. Huit événements à travers la France (à Lille, Grenoble, Toulouse, Marseille, Paris, Bordeaux, Nantes et Strasbourg) ont rassemblé plusieurs milliers de personnes entre 2017 et 2018. À chaque fois étaient organisés des ateliers, des débats, des conférences, des rencontres avec les acteurs du territoire.

MA CONTRIBUTION AUX 2030 GLORIEUSES

Libérer l'esprit et lui faire confiance, se dire que la vie est dans le plaisir de faire ce qui nourrit l'âme au quotidien. Et que c'est bel et bien un métier et non pas un hobby.

POURQUOI CE MÉTIER EST-IL SOURCE DE BONHEUR ?

Parce que l'inconnu est au cœur de mon quotidien ! Et puis je porte la responsabilité de faire (pour moi en premier lieu) de belles chansons, donner le meilleur dans mon travail afin d'être dans la plus grande cohérence avec qui je suis et ce que je dis dans mes textes... Si je ne le faisais plus, j'arrêterais tout demain.

En chiffres

>> En 2020, le nombre de salariés intermittents du spectacle s'élève à près de 242 000 personnes.

>> En France, il y a en moyenne 60 000 concerts payants chaque année.

>> Rémunération mensuelle : variable.

En bonus

Retrouvez l'interview de Gael dans le podcast 2030 Glorieuses

www.lienmini.fr/62639-26

Je suis...

CHARGÉE DE PLAYDOYER ENVIRONNEMENTAL

Valérie Gramond, cofondatrice du cabinet de lobbying Greenlobby à Paris

C'est un travail quotidien que d'aider les acteurs de la transition à se faire entendre des décideurs politiques.

MON MÉTIER

J'accompagne des associations et des entreprises engagées pour généraliser leurs solutions dans la loi. Concrètement, nous les aidons à influencer les décideurs publics en formant des alliances et en neutralisant leurs opposants pour une société plus juste, plus inclusive et plus écologique.

MA SEMAINE TYPE

Chacun de mes clients bénéficie d'un accompagnement constant. Il s'agit de le conseiller, d'élaborer sa stratégie de plaidoyer, notamment à travers des éléments de langage et des propositions d'amendement, mais également d'organiser des alliances pour lui donner plus de poids et des rencontres avec des décideurs politiques (députés, sénateurs, ministres...).

Par exemple, lundi je rédige un amendement pour une association de gestion durable des forêts, mardi j'organise un rendez-vous au cabinet du ministre de l'Économie pour une start-up des énergies renouvelables, mercredi j'organise une alliance entre le mouvement jeune climat et un collectif de la slow-fashion...

MON PARCOURS

Économiste et juriste de l'environnement de formation, j'ai travaillé à l'Assemblée nationale, au cabinet de deux ministres de l'Environnement, puis à la direction générale Environnement de la Commission européenne, avant de diriger le service de l'écologie urbaine de la Ville de Paris et celui des programmes chez WWF. J'ai également développé le marché des isolants thermiques et des emballages compostables au sein d'une multinationale, avant de co-fonder Greenlobby avec Hugo Cartalas en 2019.

COMMENT FAIRE POUR TRAVAILLER DANS CE SECTEUR ?

Les formations peuvent être assez variées ; cependant des compétences en droit, en communication et en sciences politiques sont bien utiles.

LES QUALITÉS NÉCESSAIRES

Le plus important dans ce métier, c'est d'être convaincu que les solutions que portent nos clients sont les bonnes et sont utiles pour le plus grand nombre. Il faut aussi aimer argumenter et être tenace. Un bon esprit de synthèse pour cerner l'essentiel des sujets complexes et toujours très variés est aussi nécessaire. Enfin, avoir un bon relationnel est fondamental.

→apprendre←

La loi pour protéger le Vivant

De plus en plus de militants s'appuient désormais sur la loi pour défendre les animaux, les océans ou encore les forêts. En France, des pionniers ont ouvert la voie depuis quelques années, comme Valérie Cabanes (qui lutte pour la reconnaissance du crime d'« écocide »), Alexis Tiouka (porte-voix des peuples autochtones en Guyane) ou encore François Lafforgue (qui défend notamment les victimes des pesticides, avec à son palmarès une victoire contre Monsanto).

MA CONTRIBUTION AUX 2030 GLORIEUSES

Le métier de chargé de plaidoyer est par essence une sorte d'idéal. Nous travaillons à faire émerger des intérêts qui ne sont pas financiers et y donnons de la force dans une société régie par le capitalisme et l'ultralibéralisme. Mon métier, c'est d'y croire et de travailler à demain sans me résigner malgré la pléthore d'obstacles sur la route. Plus particulièrement, le plaidoyer écologique est un réel engagement pour installer une société de demain plus durable et finalement plus égalitaire et résiliente.

POURQUOI CE MÉTIER EST-IL SOURCE DE BONHEUR ?

Ce qui me rend heureuse, c'est que mon métier a du sens. Il me permet d'être utile à des gens utiles et de me battre chaque jour pour porter des solutions concrètes qui améliorent le quotidien et le futur des humains. Mon métier est en adéquation avec mes valeurs personnelles et participe même à les faire émerger en me permettant d'être actrice de la transition écologique et sociale. Enfin, être chargé de plaidoyer, c'est travailler à une société plus juste. Il nous faut inverser le rapport de force : la société civile doit guider l'Assemblée et non l'inverse.

En chiffres

>> En 2021, grâce à « L'Affaire du Siècle », la justice a condamné pour la première fois l'État français pour « carences fautives » dans la lutte contre le réchauffement climatique.

>> Les cinq plus grandes compagnies pétrolières mondiales ont dépensé plus de 250 millions d'euros depuis 2010 en lobbying auprès de l'Union européenne.

>> Salaire mensuel : autour de 2 500 euros brut par mois.

En bonus

Retrouvez l'interview de Valérie dans le podcast 2030 Glorieuses

www.lienmini.fr/62639-27

Je suis...

COMMERÇANT À LA VOILE

Goulwen Josse, capitaine du navire Grain de Sail à Trégueux

La voile nous invite à l'humilité.

MON MÉTIER

Capitaine de marine marchande, je propose des produits que je transporte dans un navire de marchandises naviguant à la voile d'un pays à un autre.

MA SEMAINE TYPE

Notre mission est de transporter les denrées d'un côté de l'Atlantique à l'autre avec des voyages qui peuvent durer plusieurs mois en tout. On apporte du vin à New York, puis on va chercher du cacao en République Dominicaine, par exemple.

Mon quotidien se passe en mer et est donc très dépendant de la météo, pouvant alterner périodes calmes et gros temps. Ma semaine est rythmée par les quarts, jour et nuit et sans jour « off » !

À bord, en tant que capitaine, on est représentant de l'armateur devant toutes les autorités mais également officier d'état civil et de police judiciaire par délégation et en l'absence d'autre autorité. On est en charge des gestes médicaux s'ils sont nécessaires en étant guidés à distance par des médecins urgentistes.

COMMENT FAIRE POUR TRAVAILLER DANS CE SECTEUR ?

Deux parcours sont possibles : le premier consiste à faire l'école de la marine marchande (ENSMM) après un bac, de préférence scientifique, tout en ayant une pratique très active de la voile.

Le second passe par la formation professionnelle, commençant par un certificat de matelot de pont (CMP), puis un brevet de capitaine 200 UMS spécialisation voile, un brevet de capitaine 500 UMS, et enfin un brevet de capitaine 3000 UMS. La seconde voie est très nettement plus longue, des temps de navigation étant exigés entre chacune des étapes.

LES QUALITÉS NÉCESSAIRES

Il est recommandé d'avoir l'esprit pratique car il s'agit de navigation au long cours. Au-delà des connaissances en navigation, des connaissances en mécanique, électronique, informatique sont des plus. Savoir cuisiner est très apprécié !

L'intégrité physique et l'équilibre psychologique de l'équipage tenant essentiellement à la vigilance, à la bienveillance et aux compétences de chacun de ses membres, l'empathie, voire l'altruisme sont nécessaires.

La capacité à remettre en cause ses façons d'être et de faire est indispensable à la cohésion de l'équipage car on recrée une micro-société dans un espace extrêmement restreint d'où il n'est pas d'échappatoire, et ce pour des temps relativement longs.

Le vent, énergie du futur pour le commerce maritime ?

Au-delà d'une nécessaire réduction drastique des marchandises transportées à travers le monde entier pour limiter l'aggravation de notre dette écologique, des solutions techniques pourraient diminuer l'empreinte de la marine marchande dans les années à venir. Le déploiement de navires à assistance vélique pourrait baisser les consommations de fioul de 30 à 80 % grâce à une étonnante diversité de solutions (ailes rigides, ailes de *kite*, rotors...).

MA CONTRIBUTION AUX 2030 GLORIEUSES

Notre exemple fait la preuve qu'il est possible de baisser de 90 % l'impact carbone du transport des marchandises. Oui, dans une économie capitaliste, une autre forme de transport maritime est économiquement viable et une entreprise engagée socialement et écologiquement peut également être « rentable » en termes économiques. Des éléments qui font, je le crois, très nettement bouger les lignes et aideront d'autres projets à trouver les financements pour voir le jour.

POURQUOI CE MÉTIER EST-IL SOURCE DE BONHEUR ?

Ce métier rend heureux pour plusieurs raisons :

→ les défis humains et techniques qu'il faut sans cesse relever ;

→ la certitude que le travail exercé ne contribue pas aux dommages quotidiens infligés à la planète et que d'un point de vue social, son impact est positif ;

→ l'autonomie et la diversité des tâches sont également très appréciables.

En chiffres

>> La marine marchande, c'est plus de 100 000 bateaux et 10 milliards de tonnes de marchandises transportées chaque année.

>> Sans parler des émissions de CO_2, les combustibles marins seraient responsables chaque année de 250 000 décès prématurés en moyenne, notamment à cause des émissions de soufre.

>> Salaire mensuel : 2 300 euros brut pour un matelot, 3 100 euros brut pour un capitaine.

En bonus

Retrouvez également l'interview de Jacques Barreau, directeur général de Grain de Sail, dans le podcast 2030 Glorieuses

www.lienmini.fr/62639-28

Je suis…

ÉCO-MANAGER SUR LES TOURNAGES AUDIOVISUELS

Charles Gachet-Dieuzeide, cofondateur de Secoya Eco-tournage à Paris

Le cinéma peut participer à créer des rêves durables!

MON MÉTIER

L'éco-manager est le garant du développement durable d'une production de film. Il est chargé d'étudier le projet afin d'établir des préconisations afin de réduire son empreinte carbone et environnementale.

MA SEMAINE TYPE

Ma semaine n'est pas la même selon l'avancement du projet. Si je suis en pleine préparation du film, je travaille au bureau, de 10 heures à 18 heures Mon but est d'étudier pleinement le projet, afin d'en comprendre les tenants et aboutissants. Je vais devoir trouver des solutions pour rendre le film le plus écoresponsable possible: j'enchaîne les coups de téléphone pour trouver les bons partenaires (et aller les rencontrer) et je travaille sur différents outils pour préparer l'accompagnement. J'ai de nombreux rendez-vous avec mon client (la production), afin d'être sûr que nous sommes tous bien alignés pour le bon déroulement du projet.

Une fois le tournage commencé, le rythme est tout autre! Certains jours, je peux arriver très tôt sur le plateau. Je fais partie intégrante de l'équipe de production, et j'accompagne le tournage sur les différents décors. Je fais en sorte que tout se passe bien (du point de vue de l'écoresponsabilité). Selon le tournage, je peux avoir un ou plusieurs assistants qui m'aideront dans les tâches quotidiennes.

COMMENT FAIRE POUR TRAVAILLER DANS CE SECTEUR ?

Il n'y a pas spécifiquement de niveau d'étude requis mais il faut au moins connaître le milieu de l'audiovisuel. Les codes et coutumes de ce milieu sont très spécifiques… C'est l'expérience de terrain qui prime. Et bien sûr, à défaut d'avoir des notions de RSE, il faut avoir une vraie fibre environnementale!

LES QUALITÉS NÉCESSAIRES

Il faut de la pugnacité pour faire bouger un milieu qui a des habitudes bien ancrées, mais aussi de l'empathie pour se mettre à la place de chacun. Au quotidien, notamment sur les plateaux de tournage: motivation et bienveillance sont clés.

Plus verte, la vie de l'audiovisuel ?

Toute la filière se préoccupe désormais de son impact environnemental et l'enjeu climatique pourrait même accélérer la création d'un bonus vert pour les films vertueux. Du côté des festivals, à Cannes, où se posent les regards du monde entier chaque année, une sélection est désormais proposée concernant les films consacrés à l'écologie, et le prix Ecoprod récompense le long-métrage produit de la manière la plus écoresponsable possible.

MA CONTRIBUTION AUX 2030 GLORIEUSES

Le monde durable de demain se construit aujourd'hui. Et je participe à sa fabrication: pour que 2030 soit inclusif, durable, écolo, social... Eh bien, j'au du boulot, du moins dans mon secteur! Alors j'imagine qu'en faisant bouger chaque ligne, on finira par laisser quelque chose de sympa à nos enfants...!

LES STRUCTURES QUI M'ONT AIDÉ À DÉVELOPPER CE PROJET

Le Centre national de la cinématographie (CNC), ainsi que les institutions, mais aussi les Régions, les commissions de films. Également les réseaux d'entrepreneuriat (nous appartenons à Impact France – ex-Mouves), ou les Chambres de Commerce.

POURQUOI CE MÉTIER EST-IL SOURCE DE BONHEUR ?

Faire changer son secteur d'activité est un bonheur. Travailler au quotidien pour faire bouger les lignes, montrer que le changement positif est possible, c'est très exaltant! Je suis à la croisée de l'audiovisuel et du développement durable, deux mondes fantastiques. J'aide à créer les imaginaires de demain, dans un milieu où tout est encore à faire!

En chiffres

>> En 2021, 340 films inédits sont sortis en salle en France.

>> 1,7 million de tonnes de CO_2 sont émises chaque année par le secteur de l'audiovisuel.

>> Salaire: le salaire est à la semaine (les projets durent entre quatre et seize semaines), et varie entre 750 et 1 000 euros brut la semaine.

En bonus

Retrouvez l'interview de Charles dans le podcast 2030 Glorieuses

www.lienmini.fr/62639-29

Je suis...

ÉCRIVAIN ÉCLAIREUR

Jean-Pierre Goux, auteur de la saga *Siècle bleu* à Paris

Ça ne sert à rien de sauver la Terre, il faut juste l'aimer !

MON MÉTIER

J'écris de nouveaux récits pour inspirer et faciliter le changement de paradigme.

MA SEMAINE TYPE

Je passe deux journées à écrire, une à me documenter ; je consacre le reste de la semaine à d'autres projets en lien avec la transformation du monde.

Il y a une telle production de livres qu'il est important de faire connaître les siens par tous les moyens : conférences, dédicaces chez les libraires, clubs de lecture, médias, interviews podcasts. Tout cela est nécessaire pour amorcer le mouvement et atteindre les publics qui peuvent a priori être le plus touchés par vos ouvrages. Après cela, seule la qualité de vos ouvrages et le bouche-à-oreille pourront en faire des succès.

MON PARCOURS

Je suis un ancien chercheur en mathématiques de la Northwestern University et de l'Argonne National Laboratory à Chicago, spécialisé en économie appliquée. En 1992, avec le sommet de Rio, j'ai décidé de m'engager dans l'écologie. De retour en France, j'ai travaillé dans le domaine de l'énergie et de l'environnement et, pendant mes nuits, je me suis lancé dans l'écriture des romans *Siècle bleu*. En 2016, j'ai cofondé le projet Blueturn qui, pour la première fois, montre des vidéos de la Terre en rotation depuis l'espace, à partir des images du satellite DSCOVR de la NASA. En 2019, j'ai quitté mon poste de directeur général chez Powernext pour me consacrer intégralement à l'élaboration de nouveaux récits, en écrivant des livres mais aussi en menant d'autres projets comme l'ONG Planet Heart, que j'ai créée pour reconnecter l'humanité à la Terre grâce à une expérience digitale unique et planétaire. J'accorde aussi une partie de mon temps à l'Institut des Futurs souhaitables, dont je suis le président.

LES QUALITÉS NÉCESSAIRES

L'écriture nécessite simplement d'aimer raconter des histoires et d'être conscient des différentes manières de les raconter. L'exigence, la persévérance et un certain amour de la solitude sont cependant des qualités importantes pour réussir.

→apprendre←

Le premier thriller écologique français ?

L'organisation clandestine Gaïa est prête à tout pour sauver la planète et l'humanité. Ses membres multiplient les opérations spectaculaires et inquiètent les gouvernements des grandes puissances. Au même moment, une lutte sans merci s'engage entre les États-Unis et la Chine pour mettre la main sur un nouvel eldorado, la Lune. Pour couvrir un mensonge d'État sans précédent, Washington se sert d'Abel, le leader charismatique de Gaïa, comme bouc émissaire.

En 28 jours et deux tomes, *Siècle bleu* nous raconte la Révolution bleue, une voie crédible pour changer notre monde.

MA CONTRIBUTION AUX 2030 GLORIEUSES

Les productions artistiques regorgent de dystopies explorant les chemins à ne pas emprunter, mais très peu s'attaquent à la question plus délicate de tracer des voies vers un futur souhaitable, tout en prenant en compte la complexité du monde actuel et les paradoxes de l'esprit humain. Les utopies concrètes que je m'efforce d'écrire ont pour objectifs d'éduquer et de divertir, tout en donnant l'envie d'y croire et de s'engager.

POURQUOI CE MÉTIER EST-IL SOURCE DE BONHEUR ?

La découverte de nouveaux sujets pendant la phase de documentation, la joie de créer et de laisser libre cours à mon imaginaire pendant la phase d'écriture, et surtout la joie anticipée de partager ces récits avec d'autres lectrices et lecteurs.

En chiffres

>> L'année 2021 a vu la sortie de 68 047 titres, soit près de 270 par jour ouvré.

>> Un Français sur trois a déjà songé à écrire un livre et 1,4 million de personnes possèdent déjà un manuscrit.

>> Rémunération mensuelle : la rémunération d'un auteur tourne autour de 7-12 % du prix de vente hors taxe du livre ; il est donc important d'avoir d'autres activités à côté car il est rare de pouvoir vivre de sa plume.

En bonus

Retrouvez l'interview de Jean-Pierre dans le podcast 2030 Glorieuses

www.lienmini.fr/62639-30

Je suis…

LIBRAIRE ENGAGÉE

Julia Cultien, libraire chez Raconte-moi la Terre à Lyon

Un livre peut nous faire toucher du doigt la complexité du monde.

MON MÉTIER

Je suis coresponsable de Raconte-moi la Terre, une librairie-café indépendante spécialisée dans le voyage, les cultures du monde et la transition écologique et sociétale.

MA SEMAINE TYPE

Le métier de libraire repose sur une grande diversité de tâches et de compétences, généralement insoupçonnées et qui sont liées par l'envie de partager et de transmettre l'amour des livres.

La librairie étant d'abord un commerce, nous nous efforçons d'être à l'écoute de nos clients, attentifs à leurs besoins. Il faut aussi évidemment aimer lire et lire beaucoup, s'intéresser à l'actualité littéraire et éditoriale, même si ce travail indispensable s'accomplit à 99 % en dehors de ses heures de travail !

Libraire, c'est également un métier physique, car nous manipulons beaucoup de cartons de livres. Des livraisons sont effectuées presque chaque jour, il faut réceptionner les livres (les enregistrer informatiquement dans notre logiciel), avant de les mettre en rayon. Les livres invendus depuis trop longtemps peuvent être retournés, il faut alors effectuer le travail inverse. Nous devons aussi gérer nos rayons (calculer le taux de rotation, veiller à la marge, être attentifs aux stocks et nous occuper des retours).

Enfin, être libraire, c'est organiser des rencontres, faire vivre le lieu, dénicher des expos, tout mettre en œuvre pour que la librairie soit plus qu'un commerce, qu'elle participe à la vie culturelle et sociale du quartier, de la ville !

COMMENT FAIRE POUR TRAVAILLER DANS CE SECTEUR ?

L'École de la librairie propose deux formations en alternance, mais aussi tout un panel de formations ainsi qu'un programme spécialisé pour les candidats à la reconversion. Il existe également un brevet professionnel (BP) de libraire, un bachelor universitaire de technologie (BUT) Information-communication, le parcours Métiers du livre et du patrimoine, une licence pro et un master Métiers du livre et de l'édition. Pour autant, à Raconte-moi la Terre, il est arrivé plusieurs fois que des personnes soient recrutées sans expérience préalable et directement formées en interne. La personnalité, la motivation et le parcours sont des éléments importants.

LES QUALITÉS NÉCESSAIRES

Pour être un bon libraire, il ne suffit pas d'aimer les livres. Je dirais que les principales qualités sont le sens du relationnel et de l'accueil, la curiosité et le sens de l'organisation.

→apprendre←

Une librairie qui évolue avec son époque

Créée par François Chazelle en 1998 à Lyon et en 2008 à Bron, Raconte-moi la Terre est une librairie qui compte aujourd'hui près de vingt salariés. Identifiée depuis son lancement comme la spécialiste du voyage, elle a su sentir les évolutions de la société et des attentes des lecteurs en créant il y a quelques années un espace dédié pour les questions écologiques, un rayon qui grandit à grande vitesse depuis.

MA CONTRIBUTION AUX 2030 GLORIEUSES

En ayant à cœur de promouvoir des livres beaux, utiles, précieux dans leur contenu; en défendant le travail d'éditeurs engagés et de petites et moyennes maisons d'édition indépendantes, nous offrons une sélection qui fait sens à nos yeux et qui nous ressemble. Devenir un lieu ressource, participer à notre échelle au grand défi qui attend l'humanité sont des motivations qui nous poussent chaque jour à aller de l'avant.

POURQUOI CE MÉTIER EST-IL SOURCE DE BONHEUR ?

Ce qui me rend heureuse, c'est de permettre la rencontre par la lecture avec des auteurs, d'autres cultures, des éditeurs... à travers une sélection d'ouvrages que nous souhaitons exigeante et de qualité. C'est évidemment aussi permettre la rencontre physique, l'échange et le partage chaque fois que la librairie s'anime en organisant une table ronde, une conférence, une projection, un atelier, une journée thématique, une expo, un apéro... J'aime dire que nous sommes des passeurs, un trait d'union entre un auteur, un éditeur, un artiste, une association... et le public.

En chiffres

>> Il y a environ 25 000 points de vente de livres en France dont 35 000 librairies indépendantes.

>> Le secteur du livre représente plus de 80 000 emplois (édition, diffusion, distribution, commerce de détail et bibliothèques).

>> Salaire mensuel : entre 1 700 et 2 000 euros brut.

En bonus

Retrouvez l'interview de Julia dans le podcast 2030 Glorieuses

www.lienmini.fr/62639-31

Je suis...

LOBBYISTE POUR UNE MODE ÉTHIQUE

Marie Nguyen, cofondatrice de WeDressFair à Lyon

La mode est un concentré de tout ce qui ne marche pas dans le monde.

MON MÉTIER

Lobbyiste pour une mode plus juste et porte-parole des marques de mode éthique, je suis responsable de la mise en avant de marques de mode qui produisent en se souciant des hommes et de l'environnement.

MA SEMAINE TYPE

Tous les matins, je fais le tour des activités de WeDressFair avec Antoine (le cofondateur) pendant dix minutes. Ensuite, je fais le point avec les responsables de projets pour savoir si tout va bien et s'ils ont besoin d'aide.

Au jour le jour, j'ai plusieurs rôles. Je suis responsable des relations publiques, donc je m'assure de la communication extérieure de WeDressFair avec les consommateurs (réseaux sociaux, mails, etc.), avec les institutionnels, avec les associations et ONG et avec les parties prenantes (fournisseurs, agences de marques, salariés, accompagnateurs, partenaires financiers...). Je m'assure aussi de la cohésion entre la mission de WeDressFair et des projets en cours. Je convoque donc des comités pour discuter de questions potentiellement problématiques. Enfin, je suis responsable des ressources humaines. Je me charge alors de gérer les recrutements et le suivi des personnes qui travaillent de près ou de loin avec WeDressFair.

MON PARCOURS

Mon diplôme de master en biotechnologie en poche, j'ai travaillé pour l'Institut Curie. Après deux ans, j'ai eu envie de monter un projet de revalorisation du textile et j'ai créé une plateforme qui mettait en relation les particuliers afin de partager les chutes de tissu ou des vêtements dont ils souhaitaient se débarrasser. J'ai ensuite été sélectionnée pour le parcours d'entrepreneurs Ticket For Change, où j'ai rencontré Antoine Coulaud, qui portait un projet assez proche du mien et avec qui nous avons décidé de créer WeDressFair.

LES QUALITÉS NÉCESSAIRES

Je ne viens pas du tout du milieu dans lequel j'exerce mon métier aujourd'hui. Donc tout peut s'apprendre. Cependant il faut être curieux, et vouloir se former en continu. La persévérance est aussi nécessaire, ainsi que l'optimisme.

La mode éthique, c'est possible ?

Selon une projection de l'Ademe, si les tendances de consommation ne changent pas d'ici à 2050, le secteur textile serait à l'origine de 26 % des émissions de gaz à effet de serre. Il y a donc urgence à agir dans ce domaine et à agir avec ambition. Les critères de WeDressFair sont très exigeants pour qualifier un vêtement de responsable. Les voici :

– 100 % des vêtements sont confectionnés dans des usines respectant les minimas de l'Organisation internationale du travail.

– 90 % minimum de matières écoresponsables dans chaque vêtement.

– 75 % minimum de l'ensemble des vêtements d'une marque sont écoresponsables.

→apprendre←

MA CONTRIBUTION AUX 2030 GLORIEUSES

Nous essayons, à notre niveau, de rendre l'industrie textile plus durable. Nous essayons aussi de parler et de faire avancer les conditions de travail dans des pays lointains mais qui sont les premiers impactés par nos pratiques de consommation.

LES STRUCTURES QUI M'ONT AIDÉE À DÉVELOPPER CE PROJET

Nous avons été très proches de Ticket for Change et makesense, des associations qui accompagnent des projets d'entrepreneuriat social. Mais il y a aussi Enactus pour les étudiants et tous les incubateurs sociaux.

POURQUOI CE MÉTIER EST-IL SOURCE DE BONHEUR ?

C'est important pour moi de pouvoir contribuer à préserver et créer des emplois en France et de mettre en avant des marques qui font évoluer les pratiques durablement. Je suis également toujours ravie de voir combien les personnes sont heureuses de venir travailler avec nous !

En chiffres

>> Le chiffre d'affaires des industries françaises de l'habillement est de 15 milliards d'euros.

>> Les 2 500 entreprises françaises qui constituent le secteur de l'habillement emploient 32 000 salariés en France et plus de 300 000 à l'étranger.

>> Salaire mensuel : 1 900 euros brut pour l'instant ; à terme, nous visons 2 600 euros brut par mois.

En bonus

Retrouvez l'interview de Marie dans le podcast 2030 Glorieuses

www.lienmini.fr/62639-32

Je suis...

PROFESSEURE EN NATURE

Marie Petit, enseignante et directrice d'une école publique près de Valenciennes

Il faut se remettre au service de l'émerveillement des enfants.

MON MÉTIER

J'apprends aux enfants à partir à la conquête du savoir, à s'épanouir dans ce qui les rend compétents et fiers.

MA SEMAINE TYPE

J'anime et j'impulse des projets pédagogiques, j'assure la coordination entre les enseignants de l'école. Je suis responsable de la sécurité du bâtiment, des relations avec la commune, les parents et la protection de l'enfance. Dans le détail, ça donne :

→ **Lundi :** enseignement.

→ **Mardi :** enseignement avec une matinée en forêt. Les cours sont les mêmes, mais en extérieur et avec le « matériel » qu'on trouve dans la nature ; ce qui change, en revanche, c'est le temps de récréation. En forêt, les filles et les garçons jouent systématiquement ensemble, aucun élève n'est mis à l'écart et les conflits sont beaucoup plus rares que dans la cour de notre école.

→ **Jeudi :** enseignement avec un après-midi en forêt.

→ **Vendredi :** décharge administrative pour la gestion de l'école, rencontre d'acteurs locaux (anti-gaspi pour la cantine, guide-composteur, association qui peuvent récupérer des matières de l'école pour les recycler : feutres, bocaux et création d'événements...).

MON PARCOURS

Passionnée d'écologie et de nature ainsi que d'enfance et d'éducation, je me suis lancé le défi d'accorder mes valeurs avec mon métier. J'ai ainsi eu l'ambition d'entraîner l'école dont j'étais directrice dans l'intégration des principes du zéro déchet, la création d'un potager et la découverte de la biodiversité environnante. Les enfants y prenant beaucoup de plaisir, j'ai poursuivi en faisant école dans la forêt et, de façon plus générale, à l'extérieur !

LES QUALITÉS NÉCESSAIRES

La remise en question, l'écoute, le travail en équipe. Oser, tout simplement, franchir certaines barrières qui paraissent rassurantes et confortables (enseigner dans un bâtiment) mais qui n'offrent pas la possibilité aux élèves d'aimer profondément apprendre.

La forêt fait des enfants forts et sociables

Une étude norvégienne relate que l'exposition à un milieu naturel peut grandement améliorer les habiletés motrices générales des enfants et des adolescents, comme l'équilibre, la locomotion, l'agilité ou encore l'endurance musculaire.

De l'autre côté du globe, une étude australienne a démontré que l'exposition à un milieu naturel favoriserait chez les enfants l'empathie, la responsabilisation, la confiance, l'indépendance et le fait de se sentir compétents dans une activité physique.

MA CONTRIBUTION AUX 2030 GLORIEUSES

Je contribue en montrant qu'une autre école publique est possible, que l'écologie fait partie intégrante de l'éducation des enfants et doit occuper une place prépondérante dans les programmes et la façon d'enseigner. La forêt nous donne des conditions d'apprentissage bien supérieures à ce que peut nous offrir une salle de classe classique et mes élèves n'ont jamais été aussi en avance sur le programme que depuis que je fais classe en forêt. Plus les conditions sont agréables, motivantes, plus l'enfant se sent en sécurité, bien physiquement et mentalement. Il se sent alors plus libre pour créer car son esprit est beaucoup plus disponible à l'apprentissage. Je souhaiterais pouvoir former des enseignants à cette pratique.

POURQUOI CE MÉTIER EST-IL SOURCE DE BONHEUR ?

J'élabore des projets où l'écologie a une place centrale, je fais évoluer mon métier en remettant sans cesse en question ma pratique au service des besoins des enfants et je teste de nouvelles pratiques pédagogiques, notamment l'école dehors, l'école en forêt. Quel plaisir de redécouvrir mon métier avec des objectifs bienveillants à la fois pour les enfants et les adultes !

En chiffres

>> De nos jours, les enfants passent moitié moins de temps dehors qu'il y a vingt ans.

>> En France, il y a près de 13 millions d'élèves jusqu'au niveau lycée et 850 000 professeurs pour les accompagner.

>> Salaire mensuel : après dix ans d'expérience, en ayant une direction de cinq classes, 2 500 euros brut par mois.

En bonus

Retrouvez l'interview de Marie dans le podcast 2030 Glorieuses

www.lienmini.fr/62639-33

Pour continuer à rêver en grand

D'autres idées de métiers

SPORTIF ZÉRO CARBONE

Formation : L'INSEP assure, dans le cadre de l'accompagnement de leurs projets de performance, différentes formations à destination des sportifs de haut niveau. Pour se former aux liens entre le sport et l'écologie, il est intéressant de consulter les contenus proposés par Greenpeace et les associations comme Football Écologie France ou Fair Play for Planet.

Mission : Prenant en compte l'importance des enjeux écologiques et solidaires de notre siècle, le sportif zéro carbone tente de limiter au minimum l'empreinte de son activité sportive (déplacements, équipement, rencontres, etc.) et se sert de son image publique pour sensibiliser l'opinion à ces sujets.

Rémunération mensuelle : Très variable selon le sport et le niveau.

CRIEUR PUBLIC

Formation : Il n'existe pas de formation dédiée à ce métier mais une formation en théâtre ou arts vivants est un vrai plus.

Mission : Métier qui revient au goût du jour, le crieur public est le garant de l'âme d'un quartier. Il délivre les annonces des boutiques locales, transmet les messages des voisins, mais partage aussi des réflexions diverses ou même des mots doux. Il se déplace sur les événements publics, les marchés, les fêtes de villages et peut tenir des séances sur des créneaux fixes et réguliers.

Salaire mensuel : Très variable. Le crieur peut être salarié de la mairie ou rémunéré directement par les « annonceurs » en fonction du message à transmettre.

HISTORIEN DU FUTUR

Formation : Bac + 5 minimum avec un diplôme en histoire et une spécialisation en prospective ou en stratégie. Des compétences dans le domaine de la science-fiction sont un plus.

Mission : Comme l'autre face d'une pièce de monnaie, l'historien du futur complète l'historien « classique » en défrichant les possibles. Ses travaux éclairent l'actualité contemporaine et donnent à voir les évolutions possibles de la société au regard des signaux faibles du présent.

Salaire mensuel : À partir de 2 000 euros brut en début de carrière, pouvant évoluer jusqu'à 6 000 euros brut dans certains laboratoires de recherche.

PLASTICIEN ZÉRO DÉCHET

Formation : Bac + 2 minimum avec un diplôme d'école d'arts plastiques.

Mission : L'artiste imagine et crée des œuvres uniques pour sensibiliser à la pollution dans le monde. Il se met au service de cette cause en utilisant des déchets (emballages, filets de pêche, déchets technologiques, etc.) pour construire ses œuvres. Il peut être amené à exposer dans des galeries d'art, des musées, des expositions et travailler avec différents publics pour transmettre son message.

Salaire mensuel : Très variable selon les projets et les partenaires.

ÉTHOLOGUE

Formation : Bac + 5 à Bac + 8 avec un master en éthologie appliquée puis possibilité de continuer jusqu'au doctorat, pour devenir chercheur.

Mission : Ce scientifique travaille dans les parcs animaliers, les réserves naturelles ou les centres de recherche. Son quotidien : observer et analyser le comportement des différentes espèces pour montrer la complexité et la beauté du Vivant.

Salaire mensuel : À partir de 2 100 euros brut par mois.

CONTEUR UTOPISTE

Formation : Il n'existe pas de cursus classique pour exercer ce métier plutôt rare, mais comme il requiert de l'aisance pour la lecture et l'écriture, des études littéraires constituent une bonne base. Un cursus en ethnologie peut également être pertinent pour une meilleure approche de la tradition orale.

Mission : Le conteur professionnel doit donner vie à ses histoires et pratique cet art poétique avec une part de magie. Il utilise sa voix et son talent pour incarner des personnages et dévoiler le sens caché d'un texte. Il se produit dans des spectacles organisés par des collectivités, des écoles ou encore des entreprises privées.

Salaire mensuel : Très variable, selon que le conteur possède un statut d'intermittent du spectacle, d'auteur, ou de salarié d'une collectivité locale ou d'une association. Les cachets varient, selon l'expérience et la notoriété, entre 100 et 600 euros brut.

Quelques pistes d'études à suivre

• Conscient des métamorphoses du monde actuel, **l'Institut des Futurs souhaitables** vise à promouvoir une approche prospective pourvoyeuse pour toutes et tous, de moyens de construction d'un avenir désirable. L'IFS propose des formations thématiques sur cinq jours (organisation souhaitable, biomimétisme, etc.) et une formation de six mois en prospective et en innovation.

• **L'ENGAGE University** est un centre de recherche et de formation dédié aux thématiques et aux compétences incontournables de la transition. Elle propose notamment des ateliers et programmes, en ligne et en présentiel, de quelques heures à plusieurs mois, pour renforcer sa connaissance des enjeux contemporains et acquérir les compétences clés du monde en transition.

• **L'École des Vivants** est une école buissonnière, créée et portée par des artistes, des paysans, des scientifiques et des militants habités par une conviction: on ne changera pas cette société sans apprendre, explorer et expérimenter... Toute l'année, l'école propose des ateliers immersifs couvrant le triple champ de la création artistique, de la politique et de l'écologie.

Notes

Des personnalités inspirantes

- **Matthieu Baudin** cofondateur de l'Institut des Futurs souhaitables
- **Sandrine Roudaut** auteure et cofondatrice des éditions de La Mer Salée
- **Rutger Bregman** écrivain et historien néerlandais
- **Anne-Sophie Novel** auteure, journaliste et réalisatrice

Des interviews sur des thématiques proches

- Fabien Marzelière, brasseur durable et solidaire
- Roman Fruitier, responsable d'exploitation d'un tiers-lieu
- Hélène de Vestele, formatrice en transition écologique holistique
- Catherine Testa, révélatrice d'optimisme
- Ferdinand Martinet, micro-aventurier

À retrouver sur www.imagotv.fr/podcasts/2030-glorieuses

Des documentaires, des livres, des podcasts

- Le TEDx de Sandrine Roudaut « Comment faire advenir l'utopie ? ».
- La série de podcasts « Dites à l'avenir que nous arrivons » de Mathieu Baudin.
- Le livre de Rob Hopkins *Et si… on libérait notre imagination pour créer le futur que nous voulons ?*, publié chez Actes Sud en 2020.
- La série documentaire *Une espèce à part* réalisée par Clément Morin et Franck Courchamp pour Arte.
- Le hors-série de Socialter « La bataille des imaginaires » publié en mars 2020.

Être fier de ce que l'on fait dans la vie

«Et toi, tu fais quoi dans la vie?»

Après bien des péripéties et des malaises, aujourd'hui répondre à cette question ne me fait plus peur. Cela ne signifie pas que la réponse soit simple ou gravée dans le marbre, mais c'est désormais l'envie de raconter à quel point nos vies peuvent être une chance de tous les instants qui guide mon chemin personnel et professionnel. Qu'il s'agisse d'animer des ateliers de formation, d'écrire des livres, des tribunes, des chroniques, des articles de presse, de donner des conférences ou d'interviewer des personnes inspirantes pour le podcast 2030 Glorieuses, les variantes de cette mise en action sont toutes tournées vers ce but premier qui consiste à mettre en lumière l'infini de nos potentiels. Le besoin de témoigner, en nourrissant la réflexion de toutes les rencontres et découvertes racontées dans cet ouvrage, a guidé l'écriture de ce livre. Arrivé au terme de cette nouvelle expédition, je verrai peut-être évoluer la forme de ma mission de défricheur de talents et de médiateur des questions écologiques, soit pour donner des cours, soit pour m'impliquer dans la gouvernance d'une ville, ou que sais-je? Mais le pourquoi ne changera pas. C'est ce pourquoi, illustré de tant d'avancées multiples, écologiquement honnêtes, qui donne le fil rouge de cet ouvrage.

Révéler les malentendus, dénoncer les idées reçues, contribuer à construire l'horizon différemment et rassembler ceux qui œuvrent déjà pour entraîner les autres qui ne demandent qu'à se désimprégner des addictions nocives de notre économie resteront une ligne de conduite inaltérable. Sans tomber dans le piège de chercher à tout prix le métier parfait, à nous de faire de ce sujet non pas un objectif qui validera notre réussite, mais bien une quête qui nous permettra, au fil des ans, de continuer à nous sentir profondément vivants. C'est à cette condition qu'on peut se tourner vers le bien commun de manière sereine. C'est à cette condition qu'on peut participer proactivement à la construction des 2030 Glorieuses. La compétition fait place à la coopération. Notre société pourra ainsi s'enrichir de ses citoyens éveillés, épanouis, créatifs et altruistes.

S'autoriser à espérer le meilleur dans sa vie professionnelle tient donc avant tout d'une éthique personnelle, même si les effets de nos mutations nous dépassent. Notre propension à poursuivre le meilleur individuellement aura obligatoirement un impact collectif. En déployant et en normalisant ces métiers souhaitables et désirables, nous désactiverons l'un des leviers de contrôle les plus puissants.

Imaginez à quoi ressemblerait une économie dans laquelle les salariés n'auraient pas à subir l'angoisse du chômage. Terminée, l'armée de réserve du capitalisme, bonjour à l'armée de réserve des mondes de demain.

L'ARMÉE DE RÉSERVE, C'EST QUOI ?

Non, il ne s'agit pas de la mobilisation des militaires en attente du départ sur le front d'un combat qui viendrait à se déclarer. Ici, dans le cadre économique, l'armée industrielle de réserve, ou armée de réserve de travailleurs, est un concept défini par Marx qui désigne l'ensemble des travailleurs inemployés. Selon son analyse, le mode de production capitaliste se caractérise par un chômage permanent qui serait causé à la fois par des crises de surproduction mais aussi par la volonté d'exercer au besoin une pression sur les salaires et sur l'emploi. Si jamais les salariés se mettaient en grève et bloquaient la production, les patrons auraient tout le loisir d'embaucher ceux qui ne travaillent pas et qui seraient bien contents de trouver un emploi. Cette armée de réserve de travailleurs au chômage donnerait donc aux patrons la possibilité de proposer un travail précaire.

Une absence de projection dans les formations et les métiers à développer pour accompagner la transformation de notre société augmenterait considérablement le nombre de chômeurs dans les années à venir (que va-t-on faire de tous ces jeunes qui sortent d'écoles de marketing, de communication, de commerce?) et permettrait à l'État et aux entreprises de pouvoir continuer à faire avaler des couleuvres aux salariés qui veulent conserver leur travail plutôt que d'être remplacés par ces milliers de concurrents potentiels tapis dans l'ombre.

En attendant que nos politiques éducatives décident à prendre enfin en compte le long terme, nous avons l'opportunité de nous former proactivement dès à présent à des métiers porteurs de plus de solidarité et de durabilité.

Pour créer un appel d'air fantastique, nous, citoyens-travailleurs, avons un rôle essentiel à jouer pour hisser notre économie à la hauteur des enjeux du XXIe siècle.

Claire Pétreault

créatrice et présidente des Pépites Vertes, une agence spécialisée pour équiper les jeunes talents de la transition écologique

Pourquoi vouloir participer à la création d'un monde meilleur est-il une tendance grandissante qui ne va pas s'arrêter de sitôt ?

Il y a un mal-être et une peur chez les étudiants qui me demandent souvent comment j'ai fait pour trouver ma voie, mes stages, mes premiers jobs. Et il faut accompagner cette quête de sens grandissante chez les jeunes étudiants ultra-paumés.

À l'échelle de la société, on a de gros enjeux de transformation du monde du travail et on doit réussir à faire en sorte que cette évolution réponde par la même occasion aux enjeux auxquels notre société est confrontée.

L'épidémie de Covid a accéléré cette prise de conscience et ces questionnements – en ce qui me concerne, pendant les stages que j'ai effectués en 2017-2018, époque à laquelle j'avais l'impression d'être un OVNI parce que ce n'était pas une quête majoritaire chez les jeunes. Cinq ans plus tard, on peut voir que cela a beaucoup changé. Attention, toutefois, il ne faut pas généraliser: on parle de «génération climat», mais en réalité c'est une certaine partie de la jeunesse qui est sensibilisée car elle a accès à ces informations et, surtout, elle dispose des moyens pour passer à l'action.

Pourquoi cette transformation professionnelle implique-t-elle forcément une remise en question personnelle ?

Le sujet de l'éco-anxiété est très présent chez les étudiants. Et cette peur est motrice pour passer à l'action. Il y a aussi une remise en question du rapport au travail qui, pendant longtemps, était surtout rémunérateur et qui maintenant doit aussi devenir source de réalisation d'une mission de vie. Au sein de la communauté des Pépites Vertes, les jeunes, même quand ils sont en poste, se posent la question de savoir s'ils sont au bon endroit, voire au meilleur endroit pour avoir le maximum d'impact. Ce qui peut créer aussi une sur-responsabilisation de cette jeunesse pour «sauver le monde». Il faut veiller à ce que cette quête de sens n'aille pas jusqu'à nous rendre malades et tristes.

Au niveau personnel, ce qui m'a fait connaître, c'est un article intitulé «21 questions à se poser pour trouver sa voie», une liste de questions mi-pro, mi-perso, qui permettent de faire un mini-bilan de compétences comme un premier pas pour proposer aux gens d'aller un peu plus profond dans l'identification de ce qui leur plaît, ce qui les anime, leurs forces, ce qu'ils veulent développer comme compétences... C'est aujourd'hui possible et c'est une grande chance, mais aussi une responsabilité de se réaligner pour aller mieux et que la société aille mieux par la même occasion.

Pourquoi est-ce que sont les jeunes qu'on entend le plus sur cette envie de remettre le sens au cœur de leur vie professionnelle ?

Seule, la jeunesse arrivera moins vite à transformer la société que si un mouvement intergénérationnel se met en place. Ce qui est sûr, c'est que cette jeunesse arrive sur le marché du travail avec de nouvelles connaissances et compétences. Elle est informée, volontaire, pleine d'énergie, d'envie, sans enfants et avec du temps, donc c'est aux managers avec leur expérience de tirer profit de cette énergie, pour transformer la société en embarquant toutes les générations.

Pourquoi cette quête d'un métier utile, qui nous permet de participer à ces transformations nécessaires pour répondre aux enjeux de notre siècle, ne peut-elle se faire que collectivement ?

Face à une problématique systémique avec tous les impacts qu'on connaît (hausse des gaz à effet de serre, extinction de la biodiversité, raréfaction des ressources, casses sociales, etc.) il est évident qu'un individu n'arrivera à pas grand-chose. Stratégiquement, on aura besoin d'avoir des personnes qui agiront dans chacun de ces secteurs et qui coopéreront et imagineront des modèles résilients.

À l'échelle micro, il y a un partage au sein de notre communauté apprenante qui est très fort, mais le plus fort, ce sont les connexions humaines. Il y a des valeurs et de l'humour. Et nous partageons des moments de vie qui sortent du cadre professionnel et nous permettent de créer des liens puissants entre les gens, qui nous font nous sentir moins seuls. Les équipes sont une force, surtout quand ce sont des équipes complémentaires. La coopération et la solidarité sont le propre de l'être humain et si on a montré une envie d'aider l'autre pendant la crise de Covid, je suis persuadée que la crise écologique et sociale peut créer le même élan.

Dans notre communauté, on essaye aussi de ne pas tomber dans le piège de la comparaison, mais au contraire de s'inspirer mutuellement. Il est important d'accompagner ce changement afin que notre communauté soit boostée par la bienveillance et l'entraide plutôt que de savoir qui a le plus d'impact dans son job.

À quoi ressembleront les Pépites Vertes en 2030 Glorieuses et comment cela peut-il inspirer d'autres réseaux pour accélérer la dynamique des métiers durables et solidaires ?

Il est primordial que ce réseau soit présent dans tous les territoires pour sortir du parisianisme qui est la norme actuelle. Les jeunes actifs vont continuer à inspirer et à embarquer des étudiants qui réussiront facilement à se projeter grâce à ce sentiment de proximité. Et puis les Pépites Vertes de 2022 seront devenues des décideurs. Quentin, qui était à l'Ademe, Alexandra au sein du groupe Yves Rocher, Matthieu, qui travaillait chez Circul'r, etc. vont continuer à créer des synergies, des partenariats pour faire de nos communautés des communautés plus résilientes.

En outre, on aura réussi à faire en sorte que les étudiants côtoient plus régulièrement le monde professionnel pour avoir une idée plus précise de la réalité du monde du travail. D'ailleurs, des choses qui vont dans ce sens se développent dès aujourd'hui, comme l'alternance, les contrats de professionnalisation, le programme « 1 jeune, 1 solution », etc. Il va falloir continuer à former de plus en plus et de plus en plus tôt les jeunes aux métiers de la transition écologique, car ce sont des compétences et des connaissances différentes.

Quel est ton conseil pour faire advenir ta vision d'un emploi épanouissant en 2030 Glorieuses ?

Prenez cinq minutes pour réfléchir à toutes les personnes que vous avez croisées cette année et qui, en vous racontant leur boulot, vous ont impressionné. N'hésitez pas et contactez-les pour leur demander de prendre un café. Comme c'est vous qui êtes dans une démarche de curiosité, préparez une liste de trois ou quatre questions essentielles que vous voulez poser, puis n'hésitez pas à guider la conversation. Les gens adorent parler d'eux, mais ils aiment aussi aider. Donc commencez à créer une communauté de pairs autour de vous, à votre échelle et sur votre territoire, pour vous aider à passer à l'action.

Quelles sont les ressources que tu recommandes pour aller plus loin ?

Les ressources qui m'inspirent, ce sont les documentaires sur les chanteuses et les chanteurs ! Par exemple, j'ai trouvé le documentaire sur Orelsan incroyable de persévérance et cela me redonne de l'énergie. Puisez de l'inspiration dans vos passions, en-dehors du boulot, parce qu'il y a souvent des liens qui méritent d'être faits. La pop-culture nous permet de nous questionner sur nos sources d'inspiration.

Et puis, la force des récits, des histoires qu'on se raconte doit inspirer sur la manière dont on humanise cette transition écologique. Puisque ce sont des gens qui sont à l'origine du dérèglement climatique, ce sont des gens qui y remédieront. Il faut donc qu'on raconte des histoires de « gens » pour s'inspirer d'eux.

Pour terminer, je vous conseille quand même un livre pour continuer à creuser ces questions : *L'Entraide, l'autre loi de la jungle*, de Gauthier Chapelle et Pablo Servigne.

Pour aller plus loin

LES CONSEILS

Osez l'expérimentation fertile pour avoir la certitude que votre intérêt pour une nouvelle voie sera durable. Il existe plusieurs moyens, en fonction de votre âge, de votre disponibilité, de votre expérience, de vos moyens pour élargir votre champ des possibles sans pour autant prendre une décision irréversible!

- Le bénévolat: www.benenova.fr; www.tousbenevoles.org; www.jeveuxaider.gouv.fr; www.francebenevolat.org; day-one.co; www.wenabi.com
- Le *wwoofing* pour découvrir le milieu des fermes biologiques: wwoof.fr
- Le mécénat de compétence: www.vendredi.cc; www.probonolab.org; www.koeo.net
- Le service civique: www.service-civique.gouv.fr; www.uniscite.fr

Osez aller à la rencontre de personnes qui se posent les mêmes questions que vous. Il est parfois très décourageant d'entendre son entourage énumérer toutes les bonnes raisons de ne pas changer et douter de sa capacité à vraiment aller au bout de sa démarche. Surtout que ce sont des choses qu'on se dit déjà très bien soi-même. C'est en échangeant avec d'autres qui sont plus ou moins dans la même situation que vous vivrez plus sereinement cette expérience aussi passionnante qu'inconfortable. Il existe des groupes et des collectifs d'entraide dans toute la France ou en ligne:

- La communauté des Paumé.e.s pour partager ses questions existentielles.
- Les Shifters, un collectif qui accueille toute personne intéressée par le changement climatique et ses conséquences, et souhaitant agir pour décarboner notre économie.
- Le Club des Pépites, la communauté des jeunes pros de la transition écologique qui rêvent de transformer durablement le monde du travail.

- Activ'Action, une communauté qui souhaite transformer le chômage en période constructive.
- La Bascule, un mouvement pour renforcer la détermination à basculer vers un modèle de société résilient et respectueux du Vivant.
- « Pour un réveil écologique », un collectif qui met à disposition des outils concrets pour aider les étudiants à mobiliser leurs écoles et universités afin de mieux se former sur les questions écologiques et aider les jeunes diplômés à choisir un employeur suffisamment engagé dans la transition.

Osez remettre en question votre vie au-delà de votre quotidien professionnel. Votre envie de mettre plus de sens dans vos actions pourra gagner en force si vous vous posez, par exemple, la question de votre relation à l'argent. C'est d'autant plus intéressant que, lors d'une période de transition professionnelle, l'argent est souvent le nerf de la guerre qui peut permettre de vivre cette période de manière plus ou moins apaisée :

- Faire le calcul de son revenu induit par ses besoins réels pour accepter une baisse de son train de vie : lesecolohumanistes.fr/rib-revenu-induit-par-vos-besoins
- Développer les zones de gratuité dans son quotidien (Repair Café, Bibliothèque, boîtes à dons, Gratiferia, système d'échange local, etc.)

MAGAZINES

- *We Demain*, n° 32, novembre 2020, « 1 million d'emplois verts ».
- *Socialter* n° 51, avril-mai 2022, « L'écologie recrute ».
- Et pêle-mêle sur le Web : novethic.fr ; usbeketrica.com ou reporterre.net

PODCASTS

- Vécus, pour choisir une carrière à impact.

- Ozé, le podcast de l'engagement pour un monde durable.
- Nouvel Œil, pour éveiller une génération en quête de sens.
- Soif de sens, des histoires d'humains qui changent le monde.
- Sismique : explorer, se préparer et s'adapter à un monde en pleine mutation.

LES VIDÉOS ET DOCUMENTAIRES

- Datagueule #62, *La faim du travail.*
- Cash investigation #31, *Travail : ton univers impitoyable.*
- Et tout le monde s'en fout #63, *Le travail.*
- De l'importance de... #1, *De l'importance d'être malheureux au travail.*

LES LIVRES

- *Bullshit jobs*, David Graeber, Les liens qui libèrent, 2018.
- *Le travail, une valeur en voie de disparition ?*, Dominique Méda, Flammarion, 2010.
- *Entreprendre pour le bien commun : Le guide pour se lancer et changer de monde*, Hélène Binet, Léa Zaslavsky, Vuibert, 2022.
- *Le guide des Paumé.e.s : Pour celles et ceux qui ont envie de tout plaquer*, Lucie Chartouny, Aurore Le Bihan, Marabout, 2022.

LES ÉCOLES ENGAGÉES

- Le Campus de la Transition : un lieu d'expérimentation, de recherche et d'enseignement supérieur de haut niveau sur les processus de transition vers une nouvelle économie qui respecte et valorise les écosystèmes et équilibres naturels dans l'objectif de permettre une vie bonne à l'immense majorité de nos concitoyens. Il se trouve en Seine-et-Marne.

- L'institut Transitions, basé à Lyon, est un organisme de formation professionnelle engagé auprès des personnes et des structures qui mènent ou souhaitent mener la transition écologique et solidaire dans la région lyonnaise et au-delà.

- L'école 3A, basée dans plusieurs grandes villes en France, vante l'expertise avant les techniques et défend des valeurs fortes : l'éthique, la justice, l'égalité, l'ouverture au monde et le respect de notre patrimoine commun, la Terre.

- Sup'Écolidaire, située à côté de Lyon, l'école post-bac entièrement dédiée à la transition écologique, solidaire et citoyenne. Deux cycles : Bac +3/Bachelor européen ou Bac +5/Master européen pour choisir un métier porteur de sens !

- Le Réseau Inter-universitaire de l'Économie sociale et solidaire, dont le site recense l'ensemble des formations à l'ESS organisées par les universités françaises. On y trouve 79 formations dont 20 licences, 40 masters et 19 autres formations (DU, DEUST, DUT, titres homologués...).

- L'école Arobase, principalement localisée dans la région Auvergne-Rhône-Alpes, a pour objectif de former les cadres et les techniciens de l'intervention sociale et professionnelle.

- Le Collège citoyen de France se présente comme la nouvelle école qui prépare les responsables publics de demain. Un cursus d'excellence de six mois compatible avec votre vie professionnelle, gratuit, pour développer votre projet d'engagement citoyen.

- L'école Primaveras aide depuis 2013 les professionnels à remettre du sens dans leurs parcours grâce à un programme certifiant qui développe la capacité à faire les bons choix dans un monde du travail en pleine mutation.

LES PROGRAMMES ET ORGANISATIONS

- Chance.co est un parcours de coaching digital pour choisir sa voie.

- Hisse & Haut propose le bilan de compétences Nouveau Cap (durée : trois mois) à Lyon.

- Switch Collective a créé le programme Fais le Bilan, deux mois pour changer de cap et redonner du sens à sa vie pro, à Paris ou en ligne.
- Mon job de sens propose un parcours de douze semaines pour trouver la voie professionnelle alignée avec vous et vos valeurs, à Paris ou en ligne.
- Edeni propose la formation « Une transition pro pour plus de sens », un accompagnement sur trois semaines pour réfléchir collectivement à la suite de votre parcours professionnel et vous assurer que votre prochain métier soit réellement en accord avec vos valeurs.
- On purpose, avec son programme Associé, permet d'apprendre directement sur le terrain à travers deux missions de six mois que vous réalisez dans des organisations qui ont un véritable impact positif.
- Solidarités Nouvelles face au Chômage, une association loi 1901, propose aux chercheurs d'emploi un accompagnement humain et personnalisé, grâce à son réseau d'accompagnateurs bénévoles à travers toute la France.
- La Fresque de l'emploi durable interpelle tous les secteurs de l'emploi et pousse chacun à imaginer des transformations, des emplois durables et justes.

LA RECHERCHE D'EMPLOI

- Shift Your Job référence les opportunités dans les secteurs contribuant directement ou indirectement à la transition.
- Jobs that make sense, la bible pour trouver un emploi à impact positif.
- Meet my job propose des offres de stages et emplois qui ont un impact sur notre planète et notre société.
- Le Portail de l'emploi dans l'économie sociale et solidaire.
- How I Met Your Planet, Trouve le job à impact qui correspond à tes valeurs.
- Fuyons La Défense, Changer de vie, c'est permis.

Dépôt légal : février 2023
Achevé d'imprimer : janvier 2023 par SEPEC, 01960 Péronnas - France
N° d'éditeur : MAGSI20220284
N° d'imprimeur : 09467231140

IMPRIM'VERT®

MADE IN FRANCE

PEFC 10-31-1470 / Certifié PEFC / Ce produit est issu de forêts gérées durablement et de sources contrôlées. / pefc-france.org